食堂いちじくの 精進おかず

尾崎史江

東京書籍

はじめに

故郷のお寺の厨房で精進料理に携わった頃、お昼にお出しする御膳の主菜にいろいろな「もどき料理」が登場しました。がんもどき（飛竜頭）、うなぎもどき、あわびもどき、かきフライもどき……。あたかも本物さながらの仕上がりに、お客様から作り方を聞かれ会話がはずんだことを思い出します。

カレーや肉団子、から揚げ、ハンバーグなど、子どもの頃からなじみのあるおかずで精進料理をより身近に感じていただけたらと思い、この本では主菜から副菜まで幅広い料理で、「精進おかず」をテーマにご紹介させていただきます。

精進料理は淡泊で物足りないイメージがありますが、旬の食材や乾物の秘めるうまみ、滋味深さを上手に利用することで、それが植物性のみでできていることを忘れてしまうような満足感のあるおかずを作ることができます。また豆腐や厚揚げ、テンペなどの大豆製品も立派な主菜へと変わります。

旬の盛りの野菜は味がのっていて手に入りやすいものが多いですよね。安くておいしい食材でおかずが作れるのもうれしいですし、旬菜とともに季節の移ろいを感じられるのも魅力です。また、日持ちのする乾物のストックがあれば、思い立ったときにさっと一品が作れます。車麩や高野豆腐などたんぱく質源になるもの、ひじきや切り干し大根などいろいろなバリエーションで副菜が作れるもの、普段の食卓でもう一品欲しいときの力強い味方です。

精進料理を作ると、素材の持つ味わいにハッと気づかされることがあります。筑前煮などの煮もの、おひたしなど、普段はかつお節やいりこなどの動物性のだしで作ることが多い料理も、精進料理にすると素材の味をはっきりと感じられる気がします。

今回紹介するグリンピースやとうもろこしのすり流し（ポタージュ）は、旬菜の力を借りて素材の持つ味わいのみでおいしくいただくことができます。通常、ポタージュといえば、香味野菜や乳製品を入れて仕上げることが多いと思いますが、旬菜で作るすり流しは素材の持つ風味のみで十分。だし汁の代わりに使うのは水のみです。素材の持ち味を引き出す調理をすれば、素材の秘める個性ある味わいを生かすことができます。

料理をする際に物足りなさを感じるとついつい足し算をしがちです。その足し算が本来の素材の味や風味を消してしまっていることも少なくありません。

精進料理を通して、改めて本来の素材の味について熟考することができ、私にとってそれはとても新鮮でうれしく、そして楽しくもあります。

この本がみなさまの日々の献立作りの一助になれば幸いです。

尾崎史江

目次

定番の主菜

おひたし

焼きびたし

揚げびたし

あえもの

酢のもの

サラダ

含め煮

常備菜とおかずいなり

手作りごま豆腐

汁もの

漬けもの

ご飯もの

麺とパン

本書の使い方

＊計量単位は、1カップ＝200㎖、大さじ1＝15㎖、小さじ1＝5㎖、1合＝180㎖です。

＊オーブンの温度と焼き時間は目安です。熱源や機種によって多少差があるので、様子をみながら加減してください。

＊炒りごまのこと

炒りごまはフライパンで炒り直して香ばしさを出してから使うのがおすすめです。

半ずりごまと表記してあるものは、同様に炒り直し、すり鉢で半分くらいすった状態（半ずり）のものです。

＊塩ゆでのこと

塩ゆでは調味の上で大事な行程で、下味が入って素材の味の輪郭がはっきりする効果があります。

塩ゆでしたあとの調味は塩ゆでの下味が前提となっているので、ゆでる際の塩が足りないと物足りなく感じてしまうかもしれません。

塩は湯の1％、1カップに対して2g（約小さじ1/3強）が基本。3カップの湯であれば6g（小さじ1強）となります。

＊豆腐の水きりのこと

豆腐の水きりはそれぞれレシピ中に明記していますが、豆腐の重量が2割減るまで水きりするのが目安です。

ただし、豆腐によって水分量が異なるので、水っぽいと感じたら水きり時間を追加してください。

＊野菜の皮のこと

基本的には無農薬・低農薬の野菜を使用しているので、洗って皮はむかずに使いますが、料理によってはむくものもあります。皮が気になる場合はむいても構いません。

精進料理ってなに？

精進料理は仏教の伝来とともに中国から日本へ伝わりました。本来は食べることも料理することも修行の一環であるとした修行僧のための料理であったといわれており、殺生と煩悩への刺激を避けた料理です。

具体的には動物性の食材(肉、魚介、卵、バターやチーズ、牛乳、ヨーグルトなどの乳製品)と、刺激の強い野菜・五葷《ごくん》(五辛《ごしん》ともいう。にんにく、玉ねぎ、長ねぎ、ニラ、らっきょう)を使わず、野菜、豆類、穀物、海藻、果物を工夫して調理します。たんぱく質は植物性たんぱく質である大豆製品やお麩などの小麦グルテンから摂取します。

「菜食」という定義において精進料理はベジタリアンやヴィーガンと共通しますが、仏教理念に基づき野菜の中でも禁じられている食材があること、料理に対する真摯な思想があることが精進料理の特徴です。

中国から禅宗とともに精進料理を普及させたといわれている曹洞宗の開祖、道元禅師は「典座《てんぞ》教訓」において食事の大切さ、料理する際の心構えを説いています。動物に限らず植物にも尊い命があり、その生命をいただく感謝の気持ちで一切の食材を無駄にせず、食材に敬意を払って手間と工夫を惜しまず料理すること。道具を清潔に保ち大切にすること。食べる人の立場になって作ることなど、料理をする上で原点となるような心構えが精進料理の思想です。

精進のおかずをおいしく作るコツ

①素材のうまみを最大限に活用します

野菜を塩ゆでした際のゆで汁には、素材のうまみや甘みが溶け出しています。それだけで立派なだし汁。このだし汁を料理に使うと効果的な場合があります。この本ではキャベツのゆで汁をロールキャベツの煮汁に使ったり、グリンピースのゆで汁をすり流しに使ったりしています。

また、筑前煮やけんちん汁などは、根菜やきのこから出るだしが合わさることで奥行きのある味になります。豆腐で作るもどき料理には、うまみの素となる材料(にんじん、セロリなどの香味野菜やしいたけを炒めたものなど)を入れるとぐっと主菜感が増します。

②油を使ってコクとうまみを出します

野菜や乾物を炒めたり揚げたりすることで、コクとうまみが加わります。たとえば、揚げびたしなどの「揚げてからつける」調理、けんちん汁やラタトゥイユなどの「炒めてから煮る」調理をすると、より味わい深い仕上がりになり、食べ応えも出ます。淡泊な味の高野豆腐や車麩、豆腐を使った主菜も、油を使うことで満足感が増します。

③旬の食材を使うのが基本。香りも生かします

旬の食材には季節の風味と素材の持つ力強さがあります。調味料に頼らなくても素材の持ち味を生かした調理ができます。特に温かい料理は素材の風味がより強く感じられるので、冷めないうちにいただくこともおいしさにつながります。

またアクセントになる風味があると料理がぐっと華やぎます。木の芽や青じそ、しょうが、ゆずなど季節の香りのほか、粉山椒や七味唐辛子、炒りごまなども料理の味を引き立てます。

④いろいろな調理法を用いて、おかずを作ります

和食には「五味」「五色」「五法」という言葉があります。五味＝酸味、苦味、甘味、辛味、塩味の5つの味つけ。五色＝赤、黒、緑、白、黄色の5つの彩り。五法＝生、煮る、蒸す、揚げる、焼くの5つの調理法。季節感を大切にして素材の持つ個性と味を引き出すような調理と味つけをし、食卓に並べたときに色が単一にならないように心がけること。精進料理においても和食における普遍的な理念がおいしさの秘訣であると考えます。

この本では、主菜、副菜、汁もの、主食に分けてカテゴライズ。副菜は、おひたし、あえもの、酢のもの、含め煮、常備菜などに分けて紹介しています。

知っておきたい食材のこと

精進料理は、肉や魚介、乳製品などの動物性食品を使わず、大豆製品や豆、季節の野菜を最大限に利用して作るのが特徴です。ここでは、精進ならではのおかずに欠かせない食材を紹介します。乾物など日持ちのする食材が多いので、常備しておくのがおすすめです。

大豆製品

豆腐、厚揚げ、油揚げは、いずれも国産大豆を使って昔ながらの製法で真っ当に作られたものを選びます。納豆も国産大豆で作ったものが大豆の味がしっかりとしておいしい。最近人気の豆乳は成分無調整のものがおすすめですが、プレーンタイプの調製豆乳を使っても。高野豆腐、乾燥湯葉は日持ちするのでストックしておきます。いずれも、工夫次第でボリュームのあるおかずになります。

大豆と大豆加工品

大豆は栄養価に優れた良質のたんぱく源なので、すすんで食べたい食品。国産のものを選び、ゆでて使います。テンペは大豆の煮豆をテンペ菌で無塩発酵させた発酵食品。味にクセがなく、豆そのものの味があり、焼く、炒めるなどして使います。大豆ミートは大豆の油分を搾油して圧縮・高温乾燥させた大豆の加工品。この本ではブロックタイプを揚げて、鶏のから揚げに見立てています。

麩

車麩、小町麩などの焼き麩は、小麦のグルテン（たんぱく質）に小麦粉を加えて焼き上げたもの。大きいサイズの車麩はフライや煮もの、一口サイズの小町麩は煮ものや汁の具に使います。生麩はグルテンにもち粉を加えて蒸したりゆでたりして作られたもので、もっちりしているのが特徴です。

乾物

乾物は生のものとは味も食感も違い、干すことでしか出せないおいしさがあります。この本でよく使うのは、干ししいたけ、切り干し大根、ひじき、昆布ですが、いずれもうまみと栄養がギュッと詰まっていて、料理にコクと深みを加えてくれます。特に、干ししいたけと昆布はだしを取るのに欠かせない存在。

調味料について

精進のおかずは素材そのものの味や風味を生かして仕上げたいので、調味料も、素材の味を引き立てるような、できるだけ良質なものを買い求めるようにします。どんな調味料を使うかで、おいしさや後味が違ってきます。

＊それぞれの商品は、自然食料品店やインターネットなどで購入可。＊ここでは比較的手に入りやすい商品を紹介しています。

しょうゆ（濃口、薄口）

一般的には濃口しょうゆ、素材の色を生かしてしょうゆの色をつけたくない場合は薄口しょうゆを使います。薄口しょうゆは色は薄いが塩分は濃口しょうゆより高いのが特徴。いずれも無添加、天然醸造のものを。

酒

料理に使うのだからなんでもいいというわけではありません。飲んでおいしい日本酒を使うと料理もおいしく仕上がります。

みりん

よいみりんを調理に使うとツヤが出てコクと甘みが増します。本醸造のみりんと呼べるものは少なく、これは数少ない本物のみりん。

酢

和食には、米が原料でまろやかな味と香りの米酢がおすすめ。中華風ならコクがあってほどよい酸味の黒酢、ほんのり色をつけたいとき、風味や塩分を生かしたいときには梅酢、洋風料理にはバルサミコ酢も便利です。

みそ

化学調味料の添加がなく、国産材料で昔ながらの製法で作られたものを選びます。普段みそ汁に使う慣れ親しんだみそのほか、白みそ、赤みそも使います。

油

基本的に使うのはクセがなくて色が薄い太白ごま油。コクや香りをより出したいときはごま油、揚げものには米油、洋風料理にはオリーブオイルも使います。素材の持ち味を生かす良質な油を使い分けることをおすすめします。

塩

ミネラルがたっぷりと含まれた自然塩を選びます。自然塩はなめてもツンとしたしょっぱさがなく、まろやか。「海の精」のさらっとしている焼き塩タイプ、「グランド」の細粒タイプを使います。

砂糖と甘み

基本的にはきび砂糖。きび砂糖はコクがあって甘さがマイルドで、ミネラル分が豊富です。ただし料理を白く仕上げたいとき、素材の色を生かしたいときはグラニュー糖を。米麹の甘みを生かした玄米甘酒も砂糖代わりに使います。

だし汁のこと

だし汁は、動物性食品のかつお節やいりこは使用せず、昆布や干ししいたけで取るのが基本。
昆布だしは野菜の味を引き立て、料理にうまみを足してくれるので、煮ものやおひたしなどに幅広く使います。
しいたけだしは、干ししいたけを使用する料理に昆布だしとともに使うと、味に奥行きが出ます。

「水出し」が簡単で便利

昆布だし

昆布10g、水1ℓを容器に入れ、冷蔵庫に入れて一晩おき、昆布は取り除く。

しいたけだし

干ししいたけ3枚、水3カップを容器に入れ、冷蔵庫に入れて一晩おき、干ししいたけは取り除く。取り除いた干ししいたけはラップに包んで冷凍保存しておくと、料理に使える。

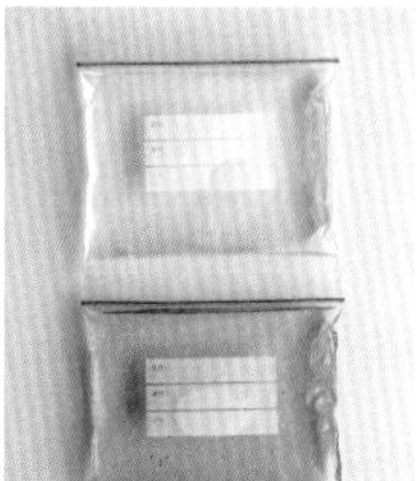

保存は……

昆布だし、しいたけだしともに、3〜4日以内に使いきらない場合は、小分けにしてフリーザーバッグに入れて冷凍庫へ。

だしを取ったあとの昆布としいたけはつくだ煮に

① だしをとったあとの昆布100gは2㎝角に切り、しいたけ2枚は薄切りにする。鍋に入れ、水1カップ、しょうゆ、きび砂糖各大さじ2½、酒、みりん各大さじ2、梅肉1個分または梅酢大さじ½を加えてざっと混ぜる。

② 中火にかけ、煮立ったらアクを取ってふたをし、弱火で45分ほど煮る。煮汁が多いようなら少し火を強め、煮汁がなくなる少し手前で火を止める。

豆をゆでる

乾燥豆はゆでて使うことがほとんどなので、時間のあるときにまとめてゆでておくと、すぐに使えて便利です。ここでは大豆を使って紹介しますが、金時豆やいんげん豆なども同様です。

① 大豆100gはよく洗ってボウルに入れ、水1½カップを加え、冷蔵庫に入れて一晩おく。

② 大豆を浸しておいた水とともに厚手の鍋に移す。

③ 中火にかけ、煮立ったらアクを取り、ふたを少しずらしてのせ、弱火で1時間～1時間30分ゆでる。途中、ゆで汁が減ったら大豆がかぶるくらいの水を足す。

④ 一粒食べてみて、大豆がやわらかくなっていたらOK。火を止めてそのまま冷ます。

⑤ でき上がり。すくうときは、木のスプーンを使うと豆が割れにくい。

保存は……

ゆで汁ごと小分けにし、保存容器に入れて冷蔵庫へ。またはフリーザーバッグに入れて空気を抜いて冷凍庫へ。

玄米を炊く

精進料理の主食は主に白飯ですが、玄米ご飯も栄養豊富で味わい深く、野菜や大豆製品、乾物のおかずとの相性がよいのでおすすめです。和のおかずだけでなく、カレーやシチュー、チャーハンにもよく合います。

① 玄米3合はよく洗い、たっぷりの水に1時間ほどつける。

② ザルに上げて水気をきり、圧力釜に入れ、水680㎖、塩小さじ⅔を加えてまんべんなく混ぜる。水の分量は玄米の重量の約1.5倍が目安。

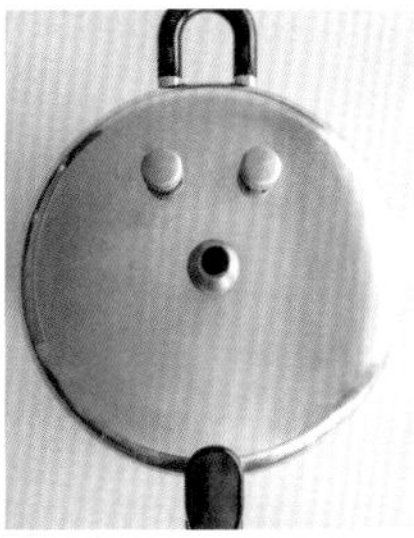

③ 表面をならしてふたをし、強火にかけ、蒸気が上がったら1～2分強火を保ち、弱火にして30分炊き、火を止める。

④ 火を止めて30分蒸らし、ふたを取る。

⑤ 鍋底から大きく返し、切るようにして混ぜる。底にできたおこげもおいしい。

保存は……

まだ温かいうちに一食分ずつラップで包み、粗熱が取れたらフリーザーバッグに入れて冷凍庫へ。

定番の主菜

根菜の竜田揚げ

材料・2人分

ごぼう　½本（60g）
里芋　1個（60g）
れんこん　60g
下味
　しょうゆ　大さじ1
　みりん　大さじ½
片栗粉　適量
揚げ油（米油）　適量

① ごぼうと里芋は皮つきのまま、れんこんは皮をむく。蒸気の立った蒸し器に入れて蒸し、中まで火を通す（a）。

② ごぼうはめん棒などでたたいて食べやすい長さに切り、里芋は皮をむいて一口大の乱切りにし、れんこんも一口大の乱切りにする（b）。

③ 下味の材料を合わせ、②を加えてからめ（c）、5分ほどおいて下味をつける。

④ 野菜の汁気をきり、片栗粉をたっぷりとつけて握るようにしてなじませる（d）。

⑤ 揚げ油を180℃に熱し、④を入れ、きつね色になって白い粉が吹いたように揚げる（e）。網にのせて油をきり、器に盛り合わせる。素材別に揚げると均一にカラリと仕上がる。

a

b

c

d

e

しょうゆとみりんに
漬け込んだ材料に
片栗粉をまぶして揚げた料理が
竜田揚げ。
揚げると白い片栗粉の花が
咲いたように見えるのが特徴です。
ごぼう、れんこん、
里芋などの根菜を用いた
精進バージョンを紹介。

定番の主菜

から揚げ3種

材料・3人分

大豆ミートのから揚げ
大豆ミート（ブロックタイプ） 40g
煮汁
- 水 1¼カップ
- しょうゆ 大さじ1
- みりん 大さじ⅔
しょうがの絞り汁 1片分

車麩のから揚げ
車麩 2枚
煮汁
- 昆布だし（12ページ参照） 1カップ
- しょうゆ 大さじ1
- みりん 大さじ½
- 酒 大さじ½

大豆のから揚げ
大豆（ゆでたもの。13ページ参照） 100g
下味
- しょうゆ 大さじ⅔
- みりん 小さじ1
- しょうがのすりおろし 1片分
片栗粉 小さじ1
青のり、白炒りごま 各小さじ1
片栗粉、小麦粉 各適量
揚げ油（米油） 適量
カットレモン 適量

① 大豆ミートは80℃くらいのたっぷりの湯に15分ほどつけて戻し、しっかりと水気を絞る(a)。鍋に煮汁の材料を入れて火にかけ、煮立ったら大豆ミートを入れ、落としぶたをし、弱めの中火で煮汁の材料がなくなるまで煮る(b)。冷めたら、しょうがの絞り汁をもみ込む。

② 車麩は60℃くらいの湯に15分ほどつけて戻し、半分に切って水気をしっかりと絞る。鍋に煮汁の材料を入れて火にかけ、煮立ったら車麩を入れ、落としぶたをし、弱めの中火で煮汁の材料がなくなるまで煮る(c)。

③ ゆで大豆は⅔量をフォークなどでつぶし、残りの⅓量と合わせ、下味の材料をもみ込む(d)。

④ 片栗粉と小麦粉は2対1の割合で混ぜ合わせる。

⑤ 大豆ミートを揚げる。①の汁気を軽く絞り、④をまぶし、180℃に熱した揚げ油でカラリと揚げる。

⑥ 車麩を揚げる。②の汁気を軽く絞り、手で一口大にちぎって④をまぶし、同様に揚げる。

⑦ 大豆を揚げる。④の衣に青のりとごまを混ぜる。③を一口大にまとめ、衣をまぶし(e)、握るようにしてなじませ、同様に揚げる。

⑧ 器に盛り合わせ、レモンを添える。

a

b

c

d

e

から揚げと言えば
鶏肉がポピュラーですが、
ここでは、大豆ミート、
車麩、ゆで大豆を使った
精進から揚げを作ります。
どれも香ばしくて
食べ応えがあり、
冷めてもおいしい。

定番の主菜

豆腐ハンバーグ

材料・3人分

木綿豆腐　1丁(350g)
しいたけ　3枚(60g)
れんこん　50g
小町麩　15g
大和芋のすりおろし
　大さじ2(40g)
片栗粉　小さじ2
塩　適量
ごま油　適量
つけ合わせ
├長芋　100g
└ししとう　9〜10本
玄米甘酒照り焼きだれ
├玄米甘酒　大さじ2
│しょうゆ　大さじ2
│酒　大さじ1
│きび砂糖　小さじ½
└しょうが　1片

① 豆腐はペーパータオルに包んで重石をし、重量が2割減るまで水きりする。

② しいたけは石づきを取って粗みじん切りにし、れんこんも粗みじん切りにする。ごま油小さじ1を熱したフライパンで炒め(a)、塩一つまみをふって下味をつける。

③ フードプロセッサーに小町麩を入れて撹拌して細かくし(b)、豆腐を一口大にちぎって加え、大和芋、片栗粉、塩二つまみを入れ、なめらかになるまで撹拌する(c)。

④ ボウルに移し、②を加えて混ぜ合わせ、6等分にする。手にごま油(分量外)をつけて小判形に整える(d)。

⑤ つけ合わせの長芋は皮をむき、4cm長さ1cm角の棒状に切る。玄米甘酒照り焼きだれの材料は混ぜ合わせる。

⑥ フライパンにごま油小さじ1を熱し、長芋とししとうを中火で焼き、塩少々をふって取り出す。

⑦ ⑥のフライパンにごま油大さじ½を足し、④のハンバーグを入れて中火で両面こんがりと焼き色がつくまで焼く。玄米甘酒照り焼きだれを加え(e)、煮からめる。

⑧ 器に盛り、つけ合わせを添える。

a

b

c

d

e

木綿豆腐と小町麩、
大和芋をつなぎに使った、
軽い食べ心地のハンバーグ。
しいたけとれんこんの
食感がアクセント。
玄米甘酒で作った
照り焼きだれを、
たっぷりからめて
いただきます。

手作り一口がんも

材料・3人分

木綿豆腐　1丁（350g）
芽ひじき　5g
にんじん　2/3本（100g）
干ししいたけ（戻したもの＊）　1枚
酒　大さじ1
塩　適量
大和芋のすりおろし　大さじ1（20g）
片栗粉　大さじ1
揚げ油（米油）　適量
山椒塩　適量

＊干ししいたけの戻し方……干ししいたけ1枚当たり1カップ程度の水に一晩つけて戻し、軸を取る。

① 豆腐はペーパータオルに包んで重石をし、重量が2割減るまで水きりする（a）。ひじきは15分ほど水につけて戻し、ザルに上げて水気をきる。

② にんじんと干ししいたけは粗みじん切りにし、ひじきとともに鍋に入れ、酒、塩一つまみを加えて中火にかけ、水分がなくなるまで炒る。

③ 豆腐を一口大にちぎってフードプロセッサーに入れ、大和芋、片栗粉、塩一つまみを加え（b）、なめらかになるまで撹拌する。

④ ボウルに移し、②を加えて混ぜる（c）。

⑤ 揚げ油を170℃に熱し、④を12等分になるようにスプーンですくって静かに落とし入れ（d）、途中上下を返しながらカリッときつね色になるまで揚げる（e）。網にのせて油をきる。

⑥ 器に盛り、山椒塩を添える。

あんをかけ、しょうがのすりおろしをのせて食べても。あんは、昆布だし1/2カップ、干ししいたけの戻し汁大さじ4、薄口しょうゆ大さじ2/3、みりん大さじ2/3を鍋に入れて煮立て、水溶き片栗粉適量でとろみをつけたもの。

a

b

c

d

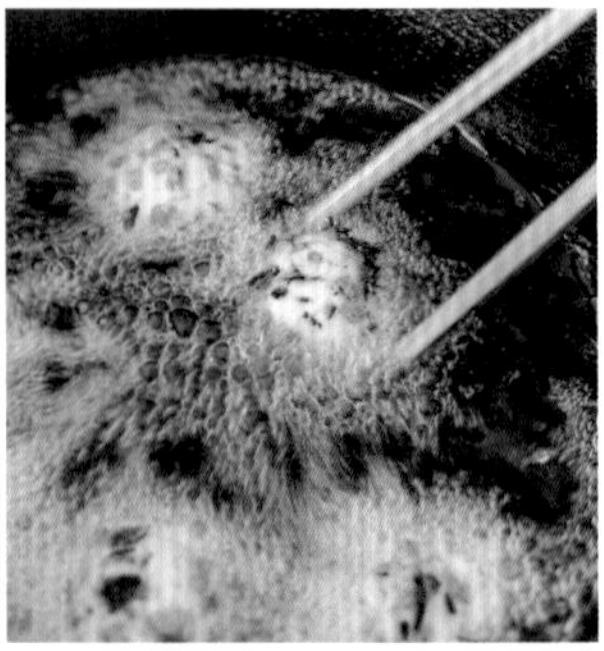
e

豆腐と野菜で作る
がんもどきは、
精進料理では
ポピュラーな料理。
ちょっと手間はかかりますが、
揚げたて熱々のおいしさを
楽しめるのが魅力です。
あんかけにするのもおすすめです。

筑前煮

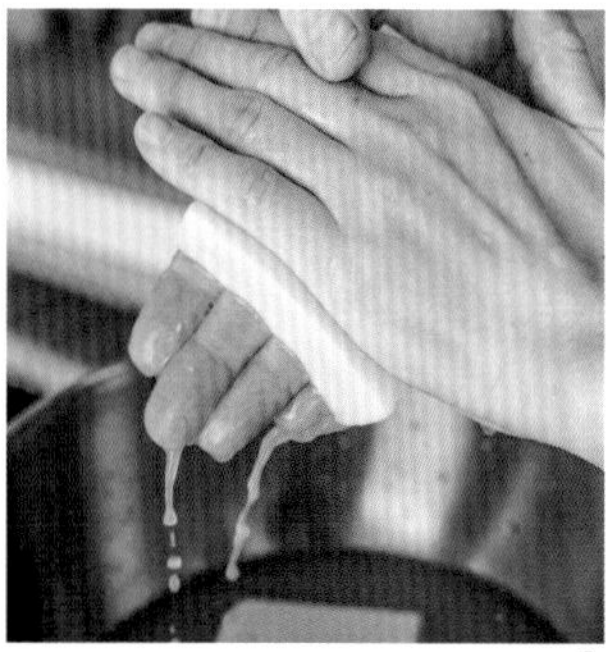
a

b

c

d

e

材料・3人分

高野豆腐　2枚
片栗粉　大さじ1½
揚げ油（米油）　適量
こんにゃく　½枚（80g）
にんじん　½本（60g）
ごぼう　½本（60g）
れんこん　小1節（100g）
干ししいたけ（戻したもの＊）　大2枚
絹さや　適量
煮汁
　昆布だし（12ページ参照）　1カップ
　干ししいたけの戻し汁　½カップ
　薄口しょうゆ　大さじ2
　酒　大さじ2
　みりん　大さじ2
　きび砂糖　大さじ⅔

＊干ししいたけの戻し方……干ししいたけ1枚当たり1カップ程度の水に一晩つけて戻し、軸を取る。

① 高野豆腐は60℃くらいの湯に15分ほどつけて戻し、両手ではさんで水気をしっかりと絞る(a)。

② 8等分に切って片栗粉をまぶし(b)、180℃に熱した揚げ油に入れ、ときどき上下を返しながらカリッとするまで揚げる(c)。

③ こんにゃくは手で小さめの一口大にちぎり(d)、熱湯でゆでてアクを抜き、ザルに上げて水気をきる。にんじん、ごぼうは乱切りにし、れんこんは1cm厚さのいちょう切りにする。干ししいたけは4等分のそぎ切りにする。

④ 鍋に煮汁の材料と③を入れて中火にかけ、煮立ったらアクを取り、高野豆腐を入れる。火を弱めて落としぶたをし、煮汁がほぼなくなるまで15分ほど煮る(e)。

⑤ 絹さやは筋を取り、塩ゆでして冷水に取り、水気をきる。④を器に盛るときに、彩りに飾る。

鶏肉の代わりに
高野豆腐を使った、
ボリューム満点おかず。
高野豆腐は揚げてから
煮るとコクが出て
ぐっとおいしくなります。
そのうまみを吸った
野菜も美味。
こっくりとした味で
ご飯がすすみます。

田楽みそおでん

材料・3〜4人分

大根　200g
れんこん　小1節（100g）
こんにゃく　1枚（160g）
厚揚げ（絹）　1枚
ぎんなん（塩ゆでしたもの＊）　16個
餅巾着
　油揚げ　3枚
　玄米餅　3切れ
　かんぴょう　15cm×6本

煮汁
　水　4カップ
　しいたけだし（12ページ参照。なければ水でよい）　1カップ
　酒　大さじ3
　薄口しょうゆ、みりん　各大さじ1 1/2
　塩　小さじ2/3
　昆布　10cm
田楽みそ
　赤みそ　60g
　みりん、酒　各大さじ2
　きび砂糖　大さじ2
　ごま油　小さじ2/3
ゆず、七味唐辛子　各適量

＊ぎんなんの塩ゆで……殻を割って実を出し、2〜3分塩ゆでして冷水に取り、薄皮をむく。

①餅巾着を作る。かんぴょうは、無漂白のものはさっと洗って3分ほど水につけ（a）、水気を絞る。漂白したものは洗ってから塩でもんで洗い流し、水につけて水気を絞る。油揚げは半分に切って袋状に開き、ゆでて油抜きをする。餅を半分に切って油揚げに入れ（b）、かんぴょうで結んで長い部分は切る。

②大根は2.5cm厚さに切って皮をむき、れんこんは皮をむいて1cm厚さに切り、それぞれ大きければ半分に切る。こんにゃくは両面に斜め格子状に切り目を入れて三角になるように4等分に切り、厚揚げも同様に切り、それぞれ熱湯で1分ほどゆでてザルに上げる。ぎんなんは4個ずつ竹串に刺す。具の準備が完了（c）。

③大きめの鍋に煮汁の材料を入れて火にかけ、煮立ったら①と②を入れてアクを取り。ふたをずらしてのせ、弱めの中火で50分ほど煮る。大根がやわらかくなるのが仕上がりの目安。昆布を引き出して食べやすい大きさに切り、鍋に戻す。

④田楽みそを作る。ごま油以外の材料を小鍋に入れて泡立て器で混ぜ、混ぜながら中火にかける。フツフツしてきたら火を弱め、木べラで混ぜながらぽってりするまで1〜2分煮る。火からおろしてごま油を混ぜる（d）。

⑤各自の器に取り分け、田楽みそをかけ、好みでゆずの皮のすりおろし、七味唐辛子をふる。

a

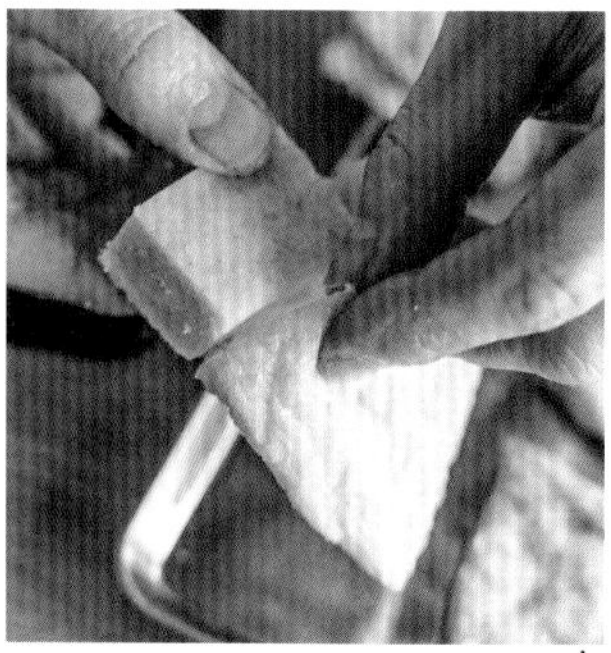
b

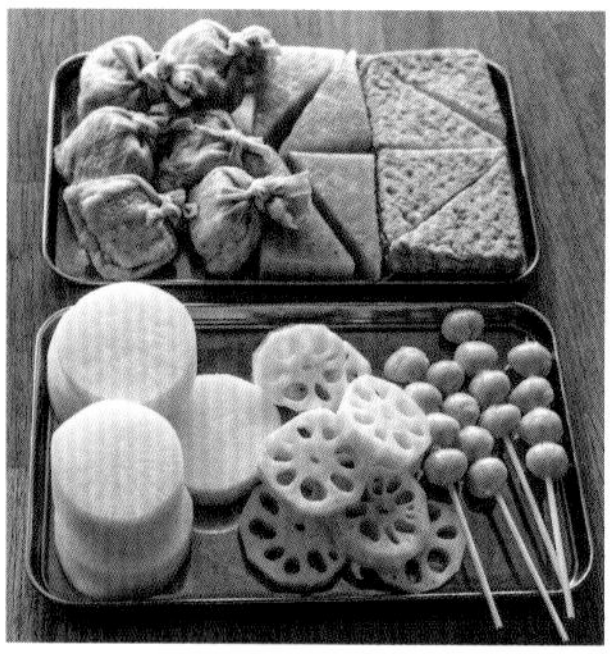
c

d

多めの煮汁で
ゆっくり煮込んだ具材は、
薄味ながら
しみじみとしたおいしさ。
オリジナルの田楽みそを
つけていただくのが
我が家流です。
玄米餅の巾着も必須。
油揚げや厚揚げが入ると
味にボリュームが出ます。

定番の主菜

季節のコロッケ

春 新じゃがのコロッケ

↓作り方28ページ

じゃがいもを甘辛しょうゆ味で煮て、ちょっぴり肉じゃが風の味わいに。いつものポテトコロッケとはまた違ったおいしさです。

夏 枝豆のコロッケ

↓作り方28ページ

枝豆が出盛りのときにぜひ作りたい、若草色が目にも鮮やかなコロッケ。長芋と組み合わせることでしっとり感が出て、食べやすくなります。

秋
長芋のコロッケ
↓作り方29ページ

精進コロッケの
代表格がこちら。
オリーブオイルと
塩をなじませて
じっくりと蒸し煮にした長芋は、
味、食感ともにコロッケ向き。

冬
金時豆のコロッケ
↓作り方29ページ

クミンパウダーと
カイエンペッパーの香り、
バルサミコ酢のコクで、
ちょっとエスニックテイスト。
金時豆とにんじんの
組み合わせが新鮮です。

新じゃがのコロッケ

材料・2人分

新じゃが　皮をむいて300g
水　1½カップ
しょうゆ　大さじ⅔〜¾
きび砂糖　大さじ1⅓
小麦粉、パン粉　各適量
揚げ油（米油）　適量

① じゃがいもは小さめの一口大に切り、鍋に入れ、水、しょうゆ、きび砂糖を加えて火にかけ、煮立ったら落としぶたをし、弱火で5分ほど煮る。

② じゃがいもにおおかた火が通ったら落としぶたを取り、中火で煮汁がなくなるまで煮る。火からおろし、マッシャーやフォークでつぶし(a)、そのまま完全に冷ます。

③ ②を4等分にし、小判形に整える。

④ 小麦粉を薄くまぶし、小麦粉を同量より少し多めの水で溶いたバッター液にくぐらせ(b)、パン粉をまぶす(c)。180℃に熱した揚げ油でカラリと揚げる。キャベツのせん切りと中濃ソース（各分量外）を添える。

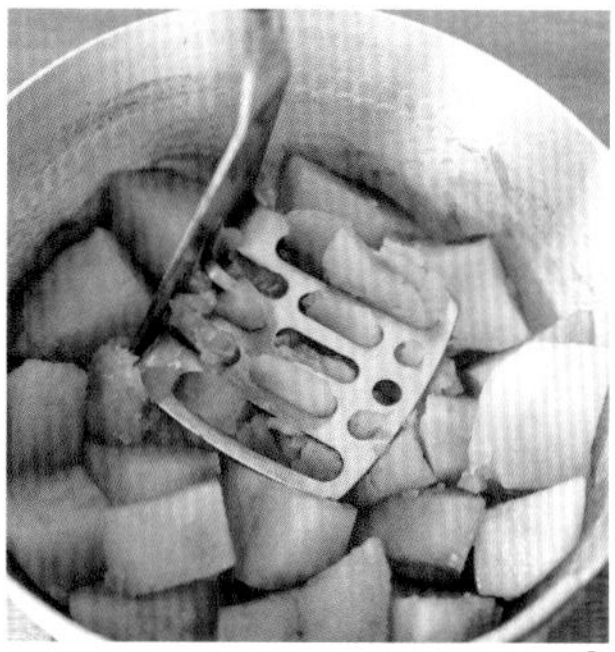
a

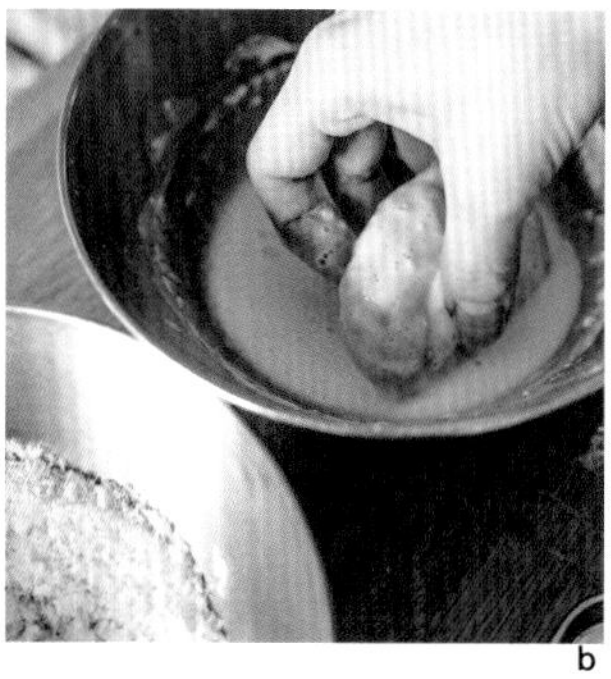
b

c

枝豆のコロッケ

材料・2〜3人分

枝豆　正味130g＊
長芋（蒸し煮にしたもの。左ページ参照）　100g
塩　適量
小麦粉、パン粉　各適量
揚げ油（米油）　適量

＊枝豆1袋（約260g）はさやつきのまま塩大さじ2をすり込んで5分おき、熱湯で4分ほどゆで、ザルに上げて冷ます。さやから出して薄皮を除くと約130gになる。

① フードプロセッサーに枝豆と長芋を入れ(a)、なめらかになるまで攪拌し、塩で味を調える。6等分にし、丸く形を整える(b)。

② 新じゃがのコロッケの作り方④と同様に衣をつけて揚げる。枝豆の色がわかるようにうっすらときつね色に仕上げる。

a

b

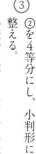

長芋のコロッケ

材料・3人分
長芋　皮をむいて300g
オリーブオイル　大さじ⅔
塩　一つまみ
小麦粉、パン粉　各適量
揚げ油（米油）　適量

① 長芋は3cm厚さに切って半分に切り、厚手鍋に入れ、オリーブオイルと塩を回しかけて手でなじませる。水大さじ3〜4を加え、ふたをして中火にかけ、蒸気が立ったら火を弱め、蒸気が立っている状態で15分ほど蒸し煮にする。竹串を刺してスーッと通ったら火を止める（a）。途中焦げそうになったら水を少しずつ足す。

② ふたを取り、水分がなくなっていたらマッシャーでつぶし（b）、塩で味を調える。水分が残っていたらつぶしながら火にかけて水分を飛ばす。完全に冷めたら6等分にし、俵形に整える。

③ 新じゃがのコロッケの作り方④と同様に衣をつけて揚げる。パセリ（分量外）を添え、好みで塩（分量外）をふる。

a

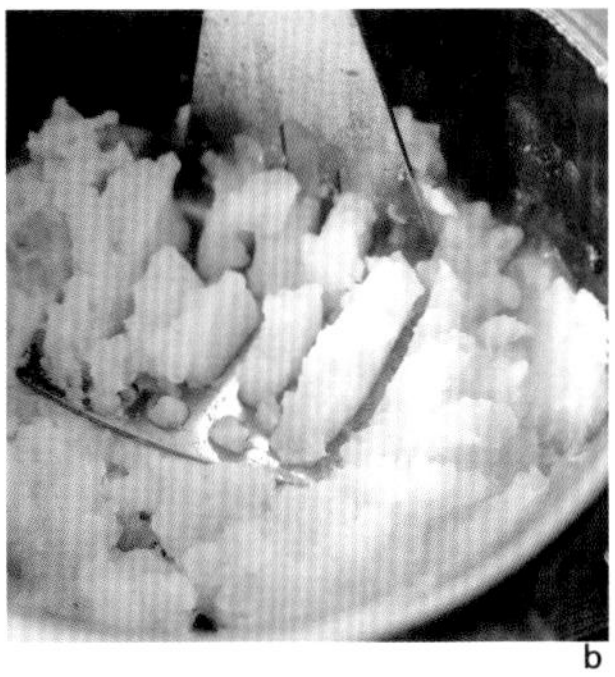
b

金時豆のコロッケ

材料・3人分
金時豆（ゆでたもの。13ページ参照）
　200g
にんじん　½本（80g）
バルサミコ酢　小さじ2
クミンパウダーまたはカレー粉
　小さじ½
カイエンペッパー　少々
塩、こしょう　各適量
小麦粉、パン粉　各適量
揚げ油（米油）　適量

① にんじんは小さめに切ってかためにゆでるか、またはレンジ加熱して中まで火を通す。

② フードプロセッサーに金時豆とにんじん、バルサミコ酢、クミンパウダー、カイエンペッパー、塩、こしょうを入れ（a）、撹拌してみじん切りにする。

③ ボウルに移してぴったりとラップをし、10分ほど休ませる（b）。6等分にし、ラグビーボール形に整える。

④ 新じゃがのコロッケの作り方④と同様に衣をつけて揚げる。カットレモン（分量外）を添え、好みで塩（分量外）をふる。

a

b

ミックスフライ

材料・2〜3人分

高野豆腐のフライ
- 高野豆腐　1枚
- 昆布だし（12ページ参照）　½カップ
- しょうゆ　大さじ½
- みりん、酒　各大さじ¼

かきフライもどき
- まいたけ　40g
- 小町麩　10g
- しょうゆ、みりん　各小さじ½
- 小麦粉　大さじ½

えびフライもどき
- にんじん（蒸したもの）　½本（80g）

じゃがいも（蒸したもの）　小3個

小麦粉、パン粉　各適量

揚げ油（米油）　適量

和風タルタルソース
- 絹ごし豆腐　100g
- 白みそ　大さじ1
- 白ごまペースト　小さじ1
- 梅酢　小さじ½
- レモンの搾り汁　大さじ½
- みょうが　1本
- きゅうりのピクルスのみじん切り　30g

自家製ソース
- しょうゆ、みりん、酒、米酢、水　各大さじ1
- しょうがのすりおろし　1片分

水溶き片栗粉
- 片栗粉小さじ⅓＋水大さじ1

① 和風タルタルソースを作る。計量カップなどに豆腐、白みそ、白ごまペースト、梅酢、レモンの搾り汁を入れ、ハンドブレンダーでなめらかになるまで撹拌する。みょうがをみじん切りにして塩もみし、水気をきり、ピクルスとともに加えて混ぜる。

② 自家製ソースを作る。鍋に水溶き片栗粉以外の材料を入れて火にかけ、煮立ったら弱火にし、水溶き片栗粉を回し入れてとろみをつける。

③ 高野豆腐のフライを準備。高野豆腐は60℃くらいの湯に15分つけて戻し、両手ではさんで水気を絞り、縦半分に切ってから半分の厚さに切る。鍋に昆布だし、しょうゆ、みりん、酒を入れて煮立て、高野豆腐を入れて落としぶたをし、弱火で煮汁がなくなるまで煮る(a)。

④ かきフライもどきを準備。小町麩はぬるま湯に10分つけて戻し、水気を絞り、しょうゆとみりんで下味をつける。まいたけは細かくさいて2〜3cm幅に切る。ボウルに合わせ、小麦粉を加え(b)、小町麩をくずしながら手で混ぜて5等分にし、しっかり握ってまとめる(c)。

⑤ えびフライもどきのにんじんは縦4等分に切る。じゃがいもは皮をむき、大きければ食べやすい大きさに切る。

⑥ 小麦粉を同量の水で溶いてバッター液を作る。③、④、⑤をそれぞれバッター液にくぐらせ、パン粉をまぶす(d)。にんじんはえびフライに見立てるため、先端の部分を除いてバッター液にくぐらせ、パン粉をまぶす(e)。

⑦ 揚げ油を180℃に熱し、それぞれきつね色に揚げる。器に盛り、和風タルタルソースと自家製ソースを添える。キャベツのせん切り、パセリ、カットレモン（各分量外）を添える。

a

b

c

d

e

高野豆腐、
かきフライもどき、
えびフライもどき、
じゃがいも。
おいしさと工夫が
盛り合わさった渾身の一皿。
和風タルタルソースと
自家製ソースで
存分に楽しみます。

定番の主菜

かぼちゃとさつまいものグラタン

材料・2人分
かぼちゃ　120g
さつまいも　80g
しめじ　80g
豆乳ホワイトソース
─豆乳（成分無調整）　2カップ
太白ごま油　大さじ1
小麦粉または米粉　大さじ2
白みそ　大さじ2
─塩　二つまみ
パン粉　大さじ5
オリーブオイル　大さじ1½

① かぼちゃはところどころ皮をむき、さつまいもとともに蒸し器で蒸す。かぼちゃは1cm厚さに切り、さつまいもは皮つきのまま1cm厚さの輪切りにする。しめじは石づきを取ってほぐす。

② 豆乳ホワイトソースを作る。鍋に太白ごま油、小麦粉、白みそ、豆乳½カップを入れて泡立て器で混ぜる（a）。中火にかけ、煮立ってきたら残りの豆乳を¼カップずつ加えてその都度混ぜる（b）。煮立ったら加えて混ぜるを繰り返す。

③ 豆乳を全部加えたら、ゴムベラで鍋底から混ぜながら、弱めの中火でとろりとするまで5分ほど煮る。火を止めて塩で味を調える。

④ 耐熱容器に①を入れ、豆乳ホワイトソースをたっぷりとかける（c）。

⑤ パン粉にオリーブオイルを加えて混ぜ（d）、全体に散らし（e）、220〜230℃のオーブンで15〜20分焼く。

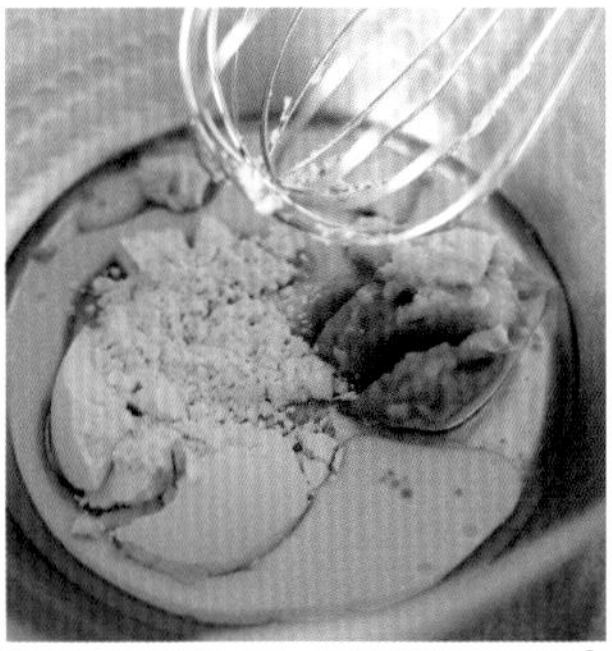
a

b

c

d

e

豆乳ホワイトソースで作る、
クリーミーな味わいの
野菜のグラタン。
じゃがいも、
カリフラワー、
ブロッコリーなどを
入れてもＯＫ。
ゆでたマカロニを加えると、
これだけで立派な
主食になります。

定番の主菜

ロールキャベツ

材料・8個分

豆腐だね
- 木綿豆腐　250g
- セロリ　40g
- にんじん　30g
- しいたけ　2枚（40g）
- オリーブオイル　小さじ1
- 塩　一つまみ
- パン粉　20g
- 片栗粉　大さじ1½
- みそ　大さじ½
- ナツメグ　少々
- こしょう　少々

- キャベツ　大8枚
- 豆乳ホワイトソース（32ページ参照）　全量
- キャベツのゆで汁　120mℓ
- 白みそ　大さじ1
- ローリエ　1枚
- 塩　適量

① 豆腐はペーパータオルに包んで重石をし、重量が2割減るまで水きりする。

② キャベツは塩ゆでし、しんなりしたらザルに上げ、水気をきって粗熱を取る。ゆで汁は120mℓほど取っておく。

③ 豆腐だねを作る。セロリとにんじんは粗みじん切りにし、しいたけは石づきを取って粗みじん切りにする。オリーブオイルを熱したフライパンに入れ、しんなりするまでよく炒め（a）、塩を加えて下味をつける。

④ 豆腐を適当な大きさに切ってボウルに入れ、③、パン粉、片栗粉、みそ、ナツメグ、こしょうを加え（b）、豆腐をつぶしながらしっかりと混ぜる。8等分にしてそれぞれまとめる（c）。

⑤ ②のキャベツの太い芯の部分をそぎ取り、芯の部分を手前にして広げ、④の豆腐だねをのせて巻く。巻き終わりを楊枝で留める。これを8個作る。

⑥ 鍋に豆乳ホワイトソースと②のキャベツのゆで汁を入れて混ぜ、白みそを溶き入れる（d）。溶きにくければ泡立て器で混ぜる。

⑦ ロールキャベツを重ならないようにして入れて中火にかけ、ローリエを加え（e）、オーブンシートで落としぶたをする。煮立ってきたら少し火を弱めて15～20分煮る。塩で味を調える。

a

b

c

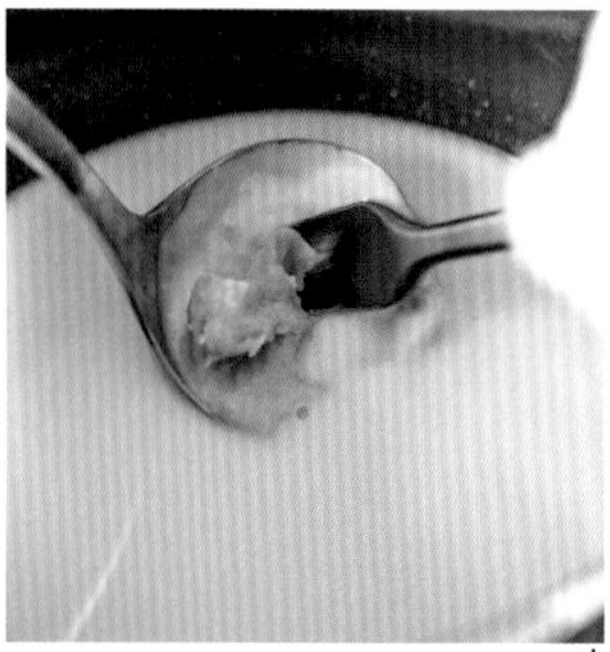
d

e

ひき肉の代わりに
豆腐を使った、
とてもヘルシーな
ロールキャベツ。
おいしさのポイントは、
よく炒めた
野菜のみじん切りと
みそを豆腐に混ぜて、
コクのある
豆腐だねにすること。
豆乳ホワイトソースで仕上げます。

定番の主菜

夏野菜のカレー

材料・3人分

にんじん　½本（80g）
セロリ　½本（40g）
マッシュルーム　50g
干ししいたけ（戻したもの＊）　1枚
しょうが　15g
トマト缶（カットタイプ）　⅓カップ
赤みそ　20g
レーズン　40g
玄米甘酒　20g
昆布だし（12ページ参照）　2カップ
太白ごま油　大さじ1
クミンシード　小さじ½
赤唐辛子　½本
塩　適量
小麦粉　大さじ1
酒　¼カップ
干ししいたけの戻し汁　¼カップ
カレー粉　大さじ1½
しょうゆ　大さじ¾
揚げ野菜
なす、パプリカ（赤）、かぼちゃ、オクラ　各適量
揚げ油（米油）　適量
玄米ご飯（13ページ参照）　適量

＊干ししいたけの戻し方……干ししいたけ1枚当たり1カップ程度の水に一晩つけて戻し、軸を取る。

① にんじん、セロリ、石づきを取ったマッシュルーム、干ししいたけを適当な大きさに切ってフードプロセッサーに入れ、撹拌してみじん切りにし(a)、取り出す。しょうがもみじん切りにする。

② トマト缶、赤みそ、レーズン、玄米甘酒、昆布だし約大さじ3をフードプロセッサーに入れて撹拌し(b)、ペースト状にする。

③ 厚手の鍋に太白ごま油、クミンシード、種を取った赤唐辛子を入れて弱火で熱して香りを出し、少し火を強めて①を入れてよく炒める。塩一つまみ、小麦粉を加えてさらに炒め、ダマにならないように酒を少しずつ加えてその都度混ぜる。

④ 残りの昆布だし、干ししいたけの戻し汁、②のペーストを加えて中火にし(c)、煮立ったら弱めの中火で15分ほど煮る。

⑤ カレー粉、しょうゆを加えてさらに5分ほど煮、赤唐辛子を取り除く。ハンドブレンダーで撹拌してなめらかにし(d)、塩で味を調える。

⑥ 揚げ野菜を作る。なすはヘタを取って乱切りにし、パプリカは縦1.5〜2㎝幅に切り、かぼちゃは薄切りにする。オクラはガクをむき取る。180℃に熱した揚げ油で素揚げする(e)。

⑦ 器に玄米ご飯を盛り、カレーをかけて揚げ野菜をのせる。

a

b

c

d

e

野菜のみじん切りと
特製ペーストを入れて
煮込んだルウが美味。
揚げ野菜と組み合わせて、
カラフルな一皿に仕上げます。
季節の野菜を使って
一年中楽しむことができます。

定番の主菜

タイ風カレー

a

b

c

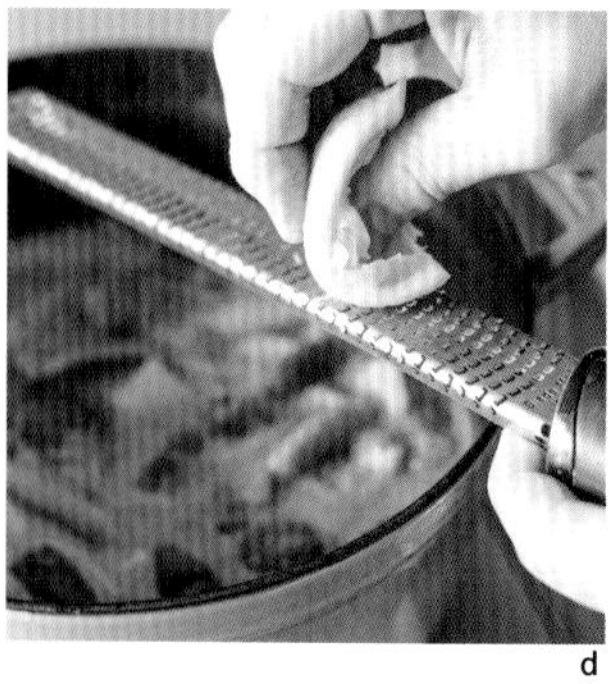
d

e

材料・2〜3人分

厚揚げ　½枚
ししとう　15本
ミニトマト　200g
セロリ　½本
しめじ　100g
しょうがのすりおろし　2片分
クミンシード　小さじ½
オリーブオイル　大さじ⅔
カレー粉　大さじ½
ゆずこしょう　小さじ1
みそ　小さじ2
ココナッツミルク　1カップ
きび砂糖　大さじ1
しょうゆ　小さじ1
レモンの搾り汁　大さじ1
レモンの皮　½個分
豆乳(成分無調整)　1½カップ
塩　適量
バジル　適量
ご飯　適量

① 厚揚げは湯通しして油抜きをし、食べやすい大きさに切る。ししとうはヘタを取って3等分の長さに切り、ミニトマトはヘタを取って横半分に切る。セロリはみじん切りにする(a)。しめじは石づきを取ってほぐす。

② 鍋にクミンシード、セロリ、しょうが、オリーブオイルを入れて弱火にかけ、香りが立ってしんなりするまで炒める(b)。ミニトマトを入れ、カレー粉、ゆずこしょう、みそを加え(c)、さらに炒める。

③ ココナッツミルク、水½カップ、厚揚げ、ししとう、しめじを加えて中火にし、煮立ったらきび砂糖、しょうゆ、レモンの搾り汁を入れる。レモンの皮をすりおろして加え(d)、4〜5分煮る。

④ 豆乳を加え(e)、塩で味を調える。仕上げにバジルを散らす。

⑤ 器に盛り、ご飯を添える。

厚揚げと野菜、豆乳と
ココナッツミルクで作る、
煮込まないカレー。
カレー粉、ゆずこしょう、
みそのトリオが
おいしさの決め手です。
ほんのりレモンの風味で、
飽きずに食べられるのが
魅力です。

定番の主菜

テンペの酢豚風

材料・2人分

テンペ　100g
片栗粉　小さじ1
エリンギ　130g
ピーマン　2個
赤ピーマン　2個
干ししいたけ（戻したもの＊）　1個
ごま油　適量
甘酢あん
　きび砂糖　大さじ1
　しょうゆ　大さじ$\frac{2}{3}$
　トマトケチャップ　大さじ1
　米酢　大さじ1
　酒　大さじ1
　豆板醤　小さじ$\frac{1}{3}$
　干ししいたけの戻し汁　大さじ3
　片栗粉　小さじ$\frac{1}{2}$
塩、こしょう　各適量

＊干ししいたけの戻し方……干ししいたけ1枚当たり1カップ程度の水に一晩つけて戻し、軸を取る。

①テンペは半分の長さに切り、1cm幅に切る。片栗粉をまんべんなくまぶす(a)。

②エリンギは食べやすい長さに切り、5mm厚さの薄切りにする。ピーマンと赤ピーマンは種を取って一口大に切る。干ししいたけは薄切りにする。

③フライパンにごま油大さじ$\frac{2}{3}$を熱してテンペを入れ、両面カリッとするまで焼き(b)、いったん取り出す。

④③のフライパンにごま油小さじ1を足し、エリンギ、ピーマン2種、干ししいたけを入れて炒める(c)。エリンギと干ししいたけに焼き色がつき、ピーマンはシャキッとした歯応えが残る程度になったら、塩一つまみで下味をつける。

⑤甘酢あんの材料を混ぜ合わせて④に加え(d)、照りが出るまで煮からめる。

⑥③のテンペを戻し入れて混ぜ合わせ(e)、塩、こしょうで味を調える。

a

b

c

d

e

大豆の加工品テンペを
カリッとするまで焼いて
野菜とともに
甘酢あんをからめた、
精進の中華おかず。
テンペは片栗粉を
まぶしておくと、味が
からみやすくなります。

定番の主菜

麻婆なす

a

b

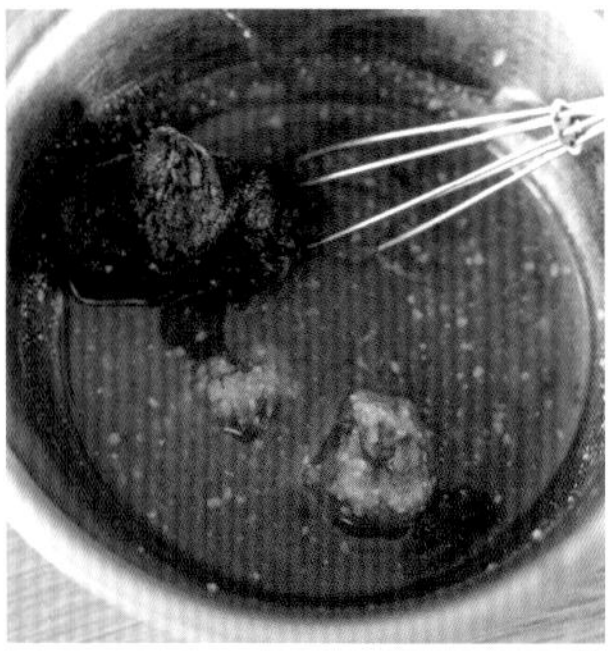
c

d

e

材料・2～3人分
なす　大3本
厚揚げ（木綿）　½枚
しいたけ　3枚（50g）
しょうが　10g
干ししいたけ（戻したもの＊）　1枚
赤みそ　20g
みそ　20g
酒　大さじ2
みりん　大さじ1
きび砂糖　大さじ1
太白ごま油　大さじ1½
ごま油　大さじ½
豆板醤　小さじ⅓～小さじ½
豆鼓のみじん切り　大さじ½
干ししいたけの戻し汁＋水
　合わせて1カップ
水溶き片栗粉
　片栗粉小さじ1＋水小さじ2
粉山椒　適量

＊干ししいたけの戻し方……干ししいたけ1枚当たり1カップ程度の水に一晩つけて戻し、軸を取る。

① なすはヘタを取って縦半分に切り、2.5cm幅の斜め切りにする。塩二つまみ（分量外）をまぶして3～4分おき、水気を拭く。

② 厚揚げは一口大に切り、しいたけも石づきを取って一口大に切り、フードプロセッサーに入れて攪拌し、粗みじん切りにする（**a**・**b**）。しょうが、干ししいたけはみじん切りにする。

③ 赤みそ、みそ、酒、みりん、きび砂糖はボウルに入れ、泡立て器で混ぜてなめらかにする（**c**）。

④ フライパンに太白ごま油を中火で熱し、なすの皮面を下にして入れ、しんなりしてきたら裏返し、両面焼いて中まで火を通す。いったん取り出す。

⑤ ④のフライパンにごま油と豆板醤を入れて弱火にかけ、香りが立ったら火を強めて②と豆鼓を加え（**d**）、炒める。

⑥ ④のなすを戻し入れ、干ししいたけの戻し汁＋水を注ぎ入れ、③を加える（**e**）。中火で一煮立ちさせ、水溶き片栗粉を回しかけて混ぜながら1～2分煮る。

⑦ 器に盛り、粉山椒をふる。ご飯（分量外）にのせてもおいしい。

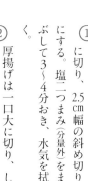

厚揚げとしいたけで作った
そぼろあんが
おいしさの秘密。
みそ、赤みそ、豆板醤、
豆豉、しょうがなどで
しっかりと味をつけ、
ピリ辛に仕上げます。
ご飯がすすむこと、
うけ合いです。

定番の主菜

れんこんの肉団子

材料・2〜3人分

れんこんのすりおろし＊　200g
木綿豆腐　130g
しいたけ　6枚（100g）
太白ごま油　小さじ1
塩　適量
片栗粉　大さじ2〜2½
揚げ油（米油）　適量
しょうゆあん
昆布だし（12ページ参照）　大さじ6
みりん　大さじ1½
酒　大さじ1
しょうゆ　大さじ1
甜麺醤　小さじ½
きび砂糖　小さじ½
片栗粉　小さじ¾

＊れんこんをすりおろし、水気が多い場合は、ザルに入れて軽く水気をきって計量する。

① 豆腐はペーパータオルに包んで重石をし、重量が2割減るまで水きりし、半分に切る。

② しいたけは石づきを取って粗みじん切りにする。

③ フライパンに太白ごま油ごを熱して②を入れ、塩一つまみを加えて炒める(a)。

④ ボウルにれんこんのすりおろし、①の豆腐、③、片栗粉、塩少々を入れ(b)、豆腐をつぶしながら手でしっかりと混ぜ合わせる(c)。

⑤ 20等分にして丸め、180℃に熱した揚げ油でカリッとするまで揚げる。網にのせて油をきる(d)。

⑥ しょうゆあんの材料をよく混ぜ合わせてフライパンに入れ、中火にかけてとろみをつけ、肉団子を加えてよくからめる(e)。

a

b

c

d

e

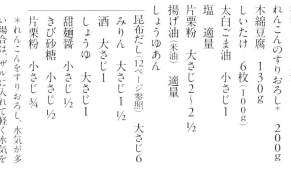

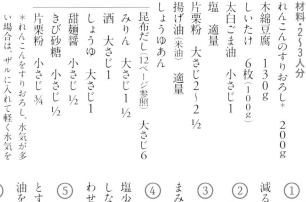

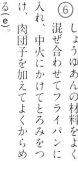

すりおろしたれんこん、
豆腐、
ちょっぴり弾力のある
しいたけで作る、
特製肉団子。
揚げたてをそのまま
食べてもおいしいですが、
ここでは
甘辛しょうゆあんをからめて
パンチのある味にします。

定番の主菜

焼売

材料・2〜3人分

厚揚げそぼろ
- 厚揚げ(木綿)　1枚
- しょうゆ　大さじ1½
- みりん　大さじ1½
- 酒　大さじ1
- 甜麺醤　小さじ½

にんじん　40g
しいたけ　3枚(60g)
しょうが　1片
青じそ　4〜5枚
切り餅　½個
ごま油　小さじ1
片栗粉　大さじ3〜3½
焼売の皮　18〜20枚

① 厚揚げそぼろを作る。厚揚げは湯通しして油抜きをし、水気を拭いて一口大に切り、フードプロセッサーで攪拌して細かくする。鍋に入れ、しょうゆ、みりん、酒、甜麺醤を加えて中火にかけ、汁気がなくなるまで炒る(a)。火を止めて冷ます。

② にんじん、石づきを取ったしいたけは2cm角くらいに切り、フードプロセッサーに入れて攪拌し、粗みじん切りにする。

③ しょうがはみじん切りにし、青じそはせん切りにする。切り餅は粗みじん切りにする。

④ ボウルに①、②、切り餅を入れ(b)、ごま油、片栗粉、しょうが、青じそを加えて手でよく練り混ぜる(c)。

⑤ 約20gずつ焼売の皮にのせて包み、上の部分をスプーンの背で平らにして形を整える(d)。

⑥ オーブンシートを敷いたセイロに並べ(e)、蒸気の立った状態で10分ほど蒸す。好みで、溶き辛子、酢じょうゆ(各分量外)を添える。

a

b

c

d

e

水気の少ない厚揚げを
そぼろにしてひき肉に見立てた、
やさしい味わいの点心。
焼売の皮で包んで
セイロにいっぱい並べて蒸して、
湯気の立ったところを
頬張るのが最高！
青じその香りがアクセントです。

定番の主菜

五目春巻き

材料・6本分

春雨(乾燥)　20g
たけのこ(水煮)　100g
にんじん　30g
しょうが　1片
干ししいたけ(戻したもの＊)　1枚
ごま油　大さじ½
豆板醤　小さじ¼
塩　一つまみ
煮汁
　干ししいたけの戻し汁　120mℓ
　しょうゆ　大さじ1½
　きび砂糖　大さじ⅔
　酒　大さじ1½
水溶き片栗粉
　片栗粉大さじ1+水大さじ2
青じそ　12枚
春巻きの皮　6枚
水溶き小麦粉(小麦粉と水は同量)
　適量
揚げ油(米油)　適量

＊干ししいたけの戻し方……干ししいたけ1枚当たり1カップ程度の水に一晩つけて戻し、軸を取る。

① 春雨は熱湯につけて戻し、水気をきる。たけのこ、にんじん、しょうがはせん切りにし、干ししいたけは薄切りにする。

② フライパンにごま油と豆板醤を入れて中火にかけ、フツフツしてきたら①を入れ(a)、炒め合わせる。塩を加えて下味をつける。

③ 煮汁の材料を加え、春雨に煮汁を吸わせるようにして2〜3分煮る。汁気が少なくなったら水溶き片栗粉を回し入れ(b)、とろみをつけてかためのあんにする。

④ バットなどに広げて、完全に冷ます(c)。

⑤ 春巻きの皮に青じそ2枚を横に並べてのせ、その上に④を6等分にしてのせる。巻き終わりと左右の皮に水溶き小麦粉をつけ、手前から巻く(d)。同様にしてあと5本作る。

⑥ フライパンに揚げ油を3cm深さまで入れて180℃に熱し、⑤を入れ、ときどき上下を返しながらきつね色に揚げる(e)。網にのせて油をきる。

a

b

c

d

e

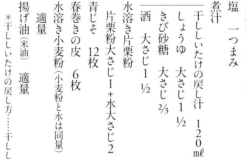

たけのこ、にんじん、しょうが、
干ししいたけ、春雨が入った
精進春巻き。
野菜はすべて包みやすく
食べやすいようにせん切りにし、
春雨は煮汁を吸わせて
味を含ませるのが
おいしさのポイントです。

定番の主菜

生春巻き

a

b

c

d

e

材料・3人分

厚揚げそぼろ(作りやすい分量)
- 厚揚げ(木綿)　1枚
- しょうゆ　大さじ1 ½
- みりん　大さじ1 ½
- 酒　大さじ1
- 甜麺醤　小さじ½

サニーレタス　2〜3枚
にんじん　45〜50g
きゅうり　½本
香菜　3本
ピーナッツ　10g
生春巻きの皮　3枚
チリソース
- 米酢　大さじ1 ½
- 薄口しょうゆ　大さじ½
- きび砂糖　大さじ½
- 赤唐辛子　¼本
- ごま油　大さじ½
- レモンの搾り汁　大さじ½

① 厚揚げそぼろを作る。厚揚げは湯通しして油抜きをし、水気を拭いて一口大に切り、フードプロセッサーで撹拌して細かくする。鍋に入れ、しょうゆ、みりん、酒、甜麺醤を加えて中火にかけ、汁気がなくなるまで炒る。ボウルに入れて冷ます(a)。

② サニーレタスは大きいものは縦半分に切る。にんじんはせん切りにし、きゅうりは斜め薄切りにしてから縦せん切りにする。香菜は半分の長さに切る。ピーナッツは刻む。

③ チリソースを作る。ごま油とレモンの搾り汁以外の材料を鍋に入れて一煮立ちさせ、冷めたらごま油とレモンの搾り汁を混ぜる。

④ 生春巻きの皮を水にくぐらせ(b)、大きめのバットなどにのせ、にんじん、きゅうり、厚揚げそぼろ、ピーナッツ、香菜の順に適量ずつのせる(c)。サニーレタスを巻きやすいようにちぎってのせ、手前からきつめに巻き込んでいく(d)。くっつかないように、ぬらした布巾などの上におく(e)。

⑤ 食べやすい長さに切って器に盛り、チリソースを添える。

サニーレタス、にんじん、
きゅうり、香菜といった
おなじみの生野菜と、
焼売（46ページ）でも使った
厚揚げそぼろ、
ピーナッツを具にした、
軽い食べ心地の生春巻き。
手作りチリソースを
添えていただきます。

おひたし

せりと小町麩のおひたし

青菜と小町麩を取り合わせた、おかずになるおひたし。
せりのほか、ほうれん草、クレソン、春菊などでも同様に。

材料・2〜3人分

せり　1束（100g）
小町麩　15g
だし割りじょうゆ
- 昆布だし（12ページ参照）　120mℓ
- 薄口しょうゆ　大さじ1
- みりん　大さじ1

① せりは塩ゆでし、冷水に取って冷ます。水気を絞り、3cm長さに切る。

② 小町麩はぬるま湯で戻し、手でにぎってやさしく水気を絞る（**a**）。

③ だし割りじょうゆの材料を鍋に入れ、小町麩を加えて火にかけ、一煮立ちさせて冷ます。

④ せりを加え（**b**）、10分ほどひたす。

a

b

うるいのおひたし

材料・2〜3人分

うるい　100g
しょうがのせん切り　1片分
だし割りじょうゆ
　昆布だし（12ページ参照）
　120㎖
　薄口しょうゆ　大さじ1
　みりん　大さじ1

① だし割りじょうゆの材料を鍋に入れて火にかけ、一煮立ちさせて冷ます。しょうがを加える。
② うるいは葉と茎の部分に分け、塩ゆでする。茎を入れて20秒ゆで、葉を加えてさらに5秒ゆでて、冷水に取って冷ます。水気を絞り、3㎝長さに切る。
③ バットなどに入れ、①を注ぎ入れて10分ほどひたす。

おひたしの味は
第一にゆで方で
決まります。
シャキッとした
歯応えを残してゆで、
すぐに冷水に取ると
色が冴えます。

ミニトマトのおひたし

材料・2〜3人分

ミニトマト　200g
だし割りじょうゆ
　昆布だし（12ページ参照）
　120㎖
　みりん　大さじ1
　薄口しょうゆ　大さじ3/4
梅酢　小さじ1
ゆかり　小さじ1/2

① だし割りじょうゆの材料を鍋に入れて火にかけ、一煮立ちさせて冷ます。
② ミニトマトはヘタを取ってさっと熱湯にくぐらせ、冷水に取って皮を湯むきする。
③ バットなどに入れ、①を注ぎ入れて15分ほどひたす。
④ 器に盛り、ゆかりをふる。

甘いミニトマトと
梅酢を加えた
だし割りじょうゆは
好相性。
仕上げにゆかりをふって、
塩気と香りをプラスします。

焼きびたし

たけのこの焼きびたし

焼きびたしは、季節の野菜の持ち味を生かす料理。
焼いて香りを出したたけのこを、だし割りじょうゆにひたします。

材料・2〜3人分

たけのこ（ゆでたもの＊）　200g
だし割りじょうゆ
　昆布だし（12ページ参照）　120㎖
　薄口しょうゆ　大さじ1
　みりん　大さじ1
木の芽　適量

＊たけのこのゆで方……たけのこは穂先を斜めに切り落として鍋に入れ、たっぷりの水、米一つかみ、赤唐辛子1本を加えて火にかける。煮立ったら落しぶたをして弱火で1時間ほどゆで、そのまま冷ます。冷めたら洗って皮をむく。

① だし割りじょうゆの材料を鍋に入れて火にかけ、一煮立ちさせて（a）、冷ます。

② たけのこは1〜1.5cm厚さのくし形に切る。魚焼きグリルなどで焼き色がつくまで焼く（b）。

③ ①の鍋に②を加え、落としラップをして味をなじませる（c）。

④ 器に盛り、木の芽を散らす。

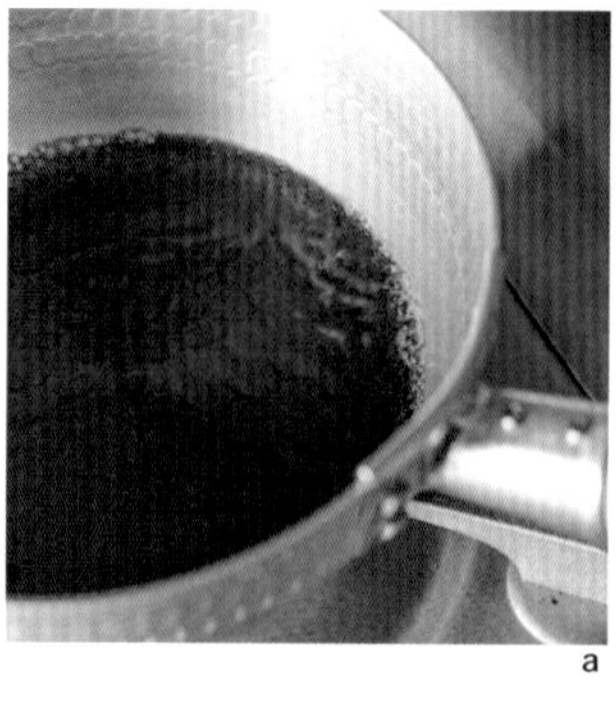
a

b

c

ゴーヤと万願寺唐辛子の焼きびたし

材料・2〜3人分

ゴーヤ　½本（100g）
万願寺唐辛子　4〜5本
ごま油　小さじ1
だし割りじょうゆ
　昆布だし（12ページ参照）
　大さじ3
　しょうゆ　大さじ1
　きび砂糖　小さじ1

① だし割りじょうゆの材料を鍋に入れて火にかけ、一煮立ちさせて冷ます。
② ゴーヤは1㎝厚さに切り、スプーンでワタと種をくり抜く。万願寺唐辛子は焼いたときに破裂しないように竹串で1ヶ所刺して穴を開ける。
③ ②にごま油をまぶし、魚焼きグリルなどで焼き色がつくまで焼く。
④ バットなどに入れ、①を注ぎ入れる。ときどき上下を返しながら、1時間以上ひたす。

香りも味も濃い
夏野菜で作る

きのこの焼きびたし

材料・2〜3人分

まいたけ、エリンギ
　合わせて180g
太白ごま油　小さじ⅔
だし割りじょうゆ
　昆布だし（12ページ参照）
　120㎖
　濃口しょうゆ　大さじ1
　みりん　大さじ1
ゆずこしょう　小さじ¼

① だし割りじょうゆの材料を鍋に入れて火にかけ、一煮立ちさせて冷ます。
② まいたけは食べやすい大きさに手でさく。エリンギは食べやすい長さに切って手でさく。
③ フライパンに太白ごま油を熱して②を入れ、焼きつけながら炒める。
④ バットなどに入れ、①を注ぎ入れ、ゆずこしょうを加えて溶かす。10分ほどひたす。

きのこを
フライパンで
香ばしく焼いてから、
だし割りじょうゆに
きび砂糖を入れて
ほんのり甘くすると、
際立ちます。
ひたします。
ゆずこしょうの香りが
アクセント。

揚げびたし

なすの揚げびたし

ほんのり梅風味、冷やしてもおいしい、夏向きの一品。
なすを揚げたらさっと熱湯をかけて、それからひたすと油っこくなりません。

材料・3人分

なす　小5本
揚げ油（米油）　適量
梅干し（塩分18％）　1個
だし割りじょうゆ
　昆布だし（12ページ参照）　250ml
　薄口しょうゆ　大さじ2強
　みりん　大さじ2
　米酢　小さじ1
　きび砂糖　大さじ1
みょうがのせん切り　1本分

① 梅干しは種を取って包丁でたたき、ペースト状にする。梅干しの種とともに鍋に入れ、だし割りじょうゆの材料を加えて泡立て器で混ぜ、一煮立ちさせて冷ます。

② なすはヘタを取って縦半分に切り、皮面に斜め格子状に切り目を入れる。塩二つまみ（分量外）をまぶして3〜4分おき、水気を拭く。

③ 揚げ油を180℃に熱し、なすの皮面を下にして入れ、ときどき返しながら色よく揚げる。ザルに上げ、熱湯を回しかけて油抜きをし（a）、水気をよくきる。

④ 保存容器になすを並べて入れ、①を加え（b）、冷蔵庫でできれば一晩おく。器に盛り、みょうがをのせる。

a

b

根菜の揚げびたし

南蛮漬け風の煮汁につけた根菜は、味がじんわりしみて
いくらでも食べられそう。揚げたてをすぐにつけるのがおいしさのコツ。

材料・2〜3人分

れんこん　小1節（150g）
かぼちゃ　80g
ごぼう　½本（60g）
揚げ油（米油）　適量
だし割りじょうゆ
　昆布だし（12ページ参照）
　　1カップ
　みりん　大さじ2½
　薄口しょうゆ　大さじ2½
　きび砂糖　大さじ1
　米酢　大さじ⅔
　赤唐辛子の小口切り　½本分

① だし割りじょうゆの材料を鍋に入れて火にかけ、一煮立ちさせて冷ます。

② れんこんは皮をむいて1.5cm厚さの半月切りにし、かぼちゃは1cm厚さの食べやすい大きさに切る。ごぼうは皮をこそげ、1cm幅の斜め切りにする。

③ 揚げ油を180℃に熱し、②を入れ、ときどき返しながら揚げる（**a・b**）。数回に分けて揚げるとカラリと揚がる。

④ バットなどに①を入れ、③を揚げたてのうちに加えて15分ほどおく。

a

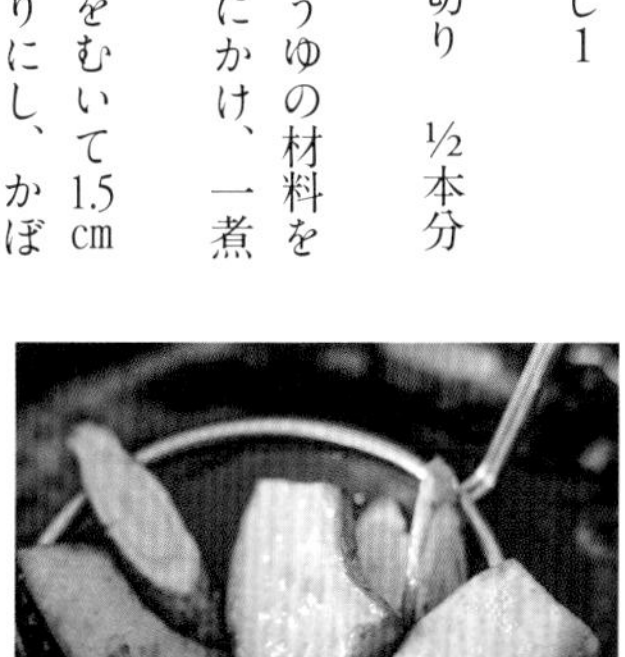

b

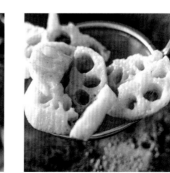

あえもの

季節の白あえ

春
そら豆と新にんじんの白あえ

↓作り方60ページ

春の野菜を使った
彩りのきれいなあえもの。
豆腐に梅肉ときび砂糖を
入れただけの
シンプルなあえ衣なので、
思いのほか簡単です。

夏
とうもろこしとオクラの白あえ

↓作り方60ページ

食感の違う
3つの夏野菜を
取り合わせた、
夏ならではの白あえです。
素材の味を楽しみたいから
味つけはシンプルに。
少しごま油の香りをプラス。

秋
巨峰の白あえ

↓作り方61ページ

豆腐に白みそと白ごまペーストを混ぜた、コクのあるあえ衣が美味。巨峰は甘いので、砂糖などの甘みは入れません。

冬
ちぢみほうれん草の白あえ

↓作り方61ページ

しょうゆとごまを入れた、どんな野菜にも合うあえ衣がこちら。しっかり味だから食べやすいのが魅力。きび砂糖の量は好みで加減します。

○季節の白あえ

そら豆と新にんじんの白あえ

材料・3人分

そら豆（塩ゆでして薄皮をむいたもの）
80g
新にんじん　½本（80g）
あえ衣
豆腐（水分量多めの木綿または絹ごし）
100g
梅干し（塩分18％）　1個
きび砂糖　小さじ1

① にんじんは1cm角の棒状に切ってから1.5cm幅に切る。塩ゆでしてザルに上げ、水気をきる。

② 豆腐は軽く水きりし、水気を拭く。梅干しは種を除いてたたく。ボウルに豆腐を半分に切って入れ、梅肉、きび砂糖を加え(a)、泡立て器で豆腐をつぶしながら混ぜる(b)。

③ そら豆とにんじんを加え(c)、よくあえる。

a

b

c

とうもろこしとオクラの白あえ

材料・3人分

とうもろこし　1本
オクラ　6本
みょうが　1本
あえ衣
豆腐（水分量多めの木綿または絹ごし）
100g
ごま油　大さじ⅔
塩　二つまみ

① とうもろこしは塩ゆでし、ゆでたてをラップで包んで粗熱を取り、ラップをはずして包丁で実をこそげる。

② オクラはガクをむき取り、塩少々（分量外）で板ずりし、1分ゆでる。冷水に取って水気を拭き、3～4等分の斜め切りにする。みょうがはせん切りにする。

③ 豆腐は軽く水きりし、水気を拭く。ボウルに豆腐を半分に切って入れ、ごま油を加え(a)、泡立て器で豆腐をつぶしながら混ぜる。①、②を加えてあえ(b)、塩で味を調える。

a

b

巨峰の白あえ

材料・3人分
巨峰　15粒
あえ衣
豆腐（水分量多めの木綿または絹ごし）　100g
白みそ　15g
白ごまペースト　5g
青ゆずの皮　適量

① 巨峰は熱湯に5秒ほどくぐらせ、冷水に取って皮をむく（a）。軸のついた部分の反対側からむくと紫の色を残したまきれいにむける。
② 計量カップなどにあえ衣の材料を入れ（b）、ハンドブレンダーでなめらかになるまで撹拌する。
③ 器に②と巨峰を盛り、薄く削いだ青ゆずの皮を散らす。

a

b

ちぢみほうれん草の白あえ

材料・3人分
ちぢみほうれん草　½束（100g）
あえ衣
豆腐（水分量多めの木綿または絹ごし）　100g
白すりごま　大さじ1
きび砂糖　小さじ⅓～½
しょうゆ　小さじ1

① ちぢみほうれん草は、ゆで上がりのかたさを均一にするために茎の部分に切り込みを入れ、塩ゆでする。軸の部分を入れて40秒ほどおき、葉の部分も入れて20秒ほどゆでる。ザルに上げてうちわなどで扇いで冷ます。水気を絞り、3㎝長さに切る。
② 豆腐は軽く水きりし、水気を拭く。ボウルに豆腐を入れ、ごま、きび砂糖、しょうゆを加え（a）、泡立て器で豆腐をつぶしながら混ぜ、①を加えてよくあえる（b）。

a

b

あえもの

● ごまあえ

さやいんげんのごまあえ

ごまは軽く炒ってからすり鉢ですると香ばしさが出て、おいしさ倍増。ごまは白でも黒でもＯＫ、粒のままより消化吸収もよくなります。

材料・2〜3人分

さやいんげん　150g

あえ衣

- 白炒りごま　大さじ2 ½
- しょうゆ　大さじ1
- きび砂糖　大さじ⅔

① さやいんげんはヘタを切り落とし、塩ゆでして冷水に取り、ザルに上げて水気を拭く。3cm長さに切る。

② ごまは鍋に入れて弱めの中火にかけ、軽く炒って香りを出す。

③ すり鉢に②を入れて粗めにすり(a)、しょうゆ、きび砂糖を加えてさらにする。さやいんげんを加えてあえる(b)。

a

b

田楽みそあえ

いちじくの田楽みそあえ

いちじくの蒸し汁を加えたほんのり甘めの田楽みそを
よく冷やしたいちじくにかけていただくと、この上ないおいしさ。

材料・5人分

いちじく　小5個
ゆずの搾り汁またはレモンの搾り汁　大さじ½
田楽みそ
- いちじくの蒸し汁　大さじ⅔〜1
- みりん　大さじ2
- 白みそ　20g
- 白ごまペースト　小さじ1

ゆずまたはレモンの皮　少々

① いちじくは皮をむき、ゆずの搾り汁にくぐらせて(a)、耐熱容器に入れる。蒸気の立った蒸し器に入れ(b)、4〜5分蒸し、蒸し汁は別にして冷蔵庫に入れて冷やす。

② いちじくの蒸し汁とみりんを鍋に入れ、しっかり煮立ててみりんのアルコール分を飛ばし、ボウルに移して粗熱を取る。白みそ、白ごまペーストを加えて泡立て器で混ぜる(c)。

③ いちじくを半分に切って器に盛り、田楽みそをかけ、薄く削いだ青ゆずの皮を散らす。

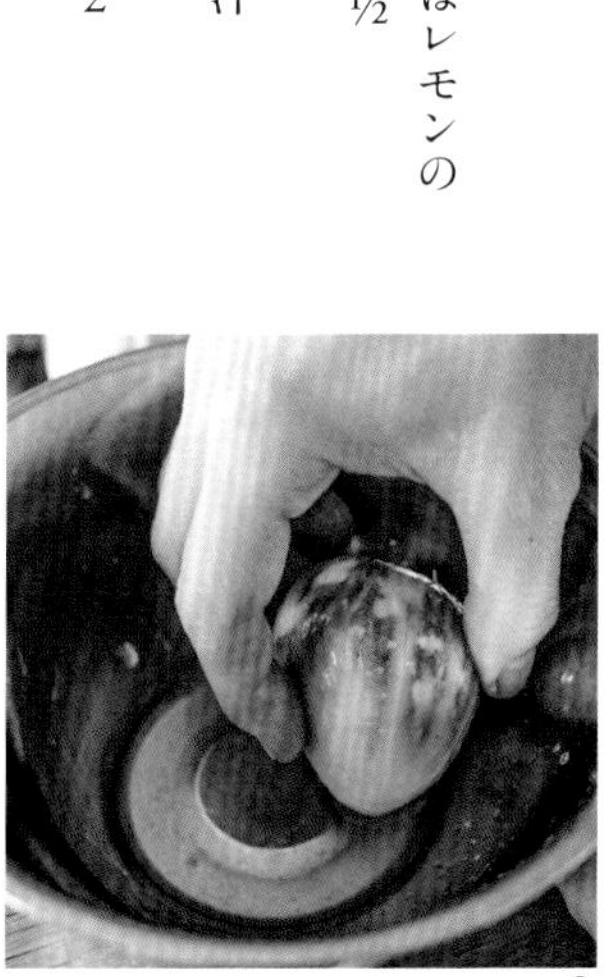
a

b

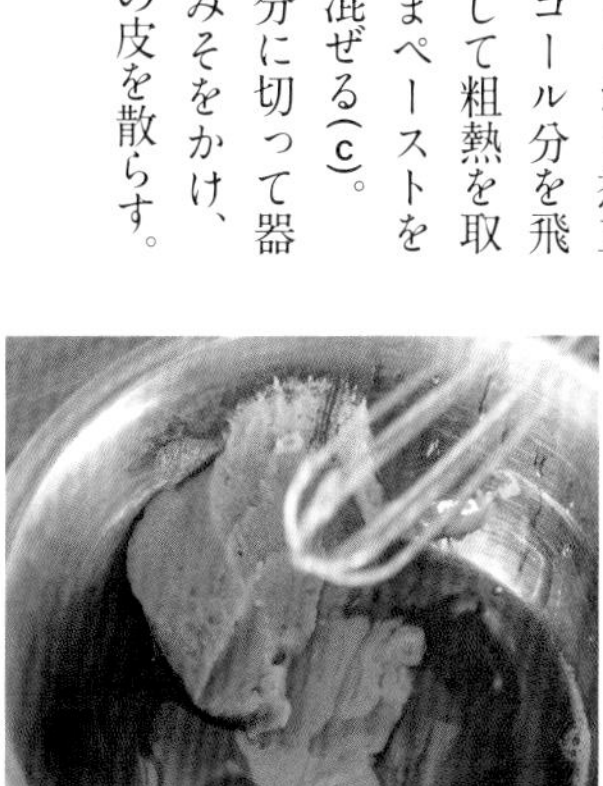
c

青梗菜の辛子じょうゆあえ

○辛子じょうゆあえ

材料・2〜3人分

青梗菜　170g

辛子じょうゆ
- しょうゆ　大さじ1/2〜1
- 溶き辛子　しょうゆの約半量

① 青梗菜は葉と茎に分け、茎は縦半分に切り、太い部分は6つ割りにする。

② 鍋にたっぷりの湯を沸かし、塩少々と太白ごま油少々（各分量外）を加え、青梗菜の茎を入れ、30秒ほどしたら葉を加えて15秒ほどゆでる。冷水に取り、水気をよく絞る。食べやすい長さに切り、茎の太い部分は縦薄切りにする。

③ ボウルに辛子じょうゆの材料を入れて混ぜ、②を加えてあえる。

溶き辛子にしょうゆを少しずつ加えるとなめらか。青菜とよく合うので、ほうれん草、小松菜などで作っても。

じゃがいもの梅肉あえ

○梅肉あえ

材料・2〜3人分

じゃがいも（できればメークイン）2〜3個（150g）

焼きのりの細切り　1/4枚分

梅肉だれ
- 梅肉（塩分18％）　1個分
- 煮切りみりん＊　大さじ1 1/2
- 太白ごま油　小さじ1

＊煮切りみりん……みりんを鍋に入れて煮立たせ、アルコール分を飛ばす。

① じゃがいもは皮をむいてせん切りにし、水にさらす。塩ゆでし、冷水にさらしてザルに上げ、水気をきる。

② ボウルに梅肉だれの材料を入れて混ぜ合わせ、①を加えてあえる。

③ 器に盛り、焼きのりをのせる。

じゃがいもは半透明のシャキシャキにゆでるとおいしい。梅干しの酸味と焼きのりの風味がよく合います。

ナムル

紫大根のナムル

材料・2〜3人分
紫大根　½本（200g）
ごま油　大さじ⅔
米酢　小さじ1

① 紫大根は皮をむいて縦半分に切り、スライサーで薄切りにする。ボウルに入れて塩小さじ⅔（分量外）をもみ込み、5分ほどおいて水気を絞る。
② ①をごま油と米酢であえる。

ごま油と酢で
あえただけの、
素材の味を楽しむ
シンプルなナムル。
酢を入れることで
紫大根の色が
鮮やかになります。

切り干し大根とかぶのナムル

材料・3人分
切り干し大根　20g
かぶ（葉つき）　2個（200g）
ナムルだれ
　ごま油　大さじ⅔
　薄口しょうゆ　大さじ⅔
　コチュジャン
　　小さじ1〜大さじ½
　きび砂糖　小さじ½
　白すりごま　大さじ1

① 切り干し大根は水に15分ほどつけて戻し、ザルに上げて水気を絞る。鍋に入れて1分ほど乾炒りし、水分を飛ばす。
② かぶは半分に切って薄切りにし、塩二つまみ（分量外）をまぶして5分ほどおき、水気を絞る。かぶの葉は適量を塩ゆでして冷水に取り、水気を絞って3cm長さに切る。
③ ボウルにナムルだれの材料を入れてよく混ぜ、①と②を加えてあえる。

コチュジャン入りの
ナムルだれであえた
切り干し大根が美味。
かぶはできれば
葉つきを買い求め、
葉もゆでて使います。

酢のもの
ごま酢あえ

れんこんのごま酢あえ

れんこんが熱いうちに酢ときび砂糖をからめておくと、味がじんわりしみて美味。ごまは半ずりにすると香りが立ちます。

材料・2〜3人分
れんこん　小1節（150g）
きび砂糖　大さじ2/3
米酢　大さじ1
薄口しょうゆ　大さじ1/2
白炒りごま　大さじ1

① れんこんは皮をむいて縦半分に切って薄切りにし、大きいものはいちょう切りにする。3分ほど塩ゆでし、ザルに上げて水気をきる。

② 熱いうちにボウルに移し、きび砂糖、米酢を加えてあえる（a）。薄口しょうゆを入れ、ごまを半ずりにして加えてあえる。

a

ごま酢あえ

柿と春菊のごま酢あえ

白ごまペーストを使うので、コクがあって口当たりなめらか。秋から冬にかけて出回る菊花も入れて彩りよく仕上げます。

材料・2人分

柿　1個
春菊　6本
食用菊（あれば）　2個
あえ衣
白ごまペースト　大さじ1
米酢　小さじ1
きび砂糖　小さじ1
薄口しょうゆ　小さじ½

① 春菊は茎と葉に分け、それぞれ塩ゆでし、冷水に取って水気をしっかりと絞り、2cm幅に切る。

② 菊花は花芯から花びらを摘み取る。酢少々（分量外）を加えた熱湯に入れて網じゃくしでさっと沈めて湯通しし（a）、冷水に取って（b）、水気を絞る。

③ 柿は皮をむいて小さめの一口大に切る。

④ ボウルにあえ衣の材料を入れて泡立て器で混ぜ、①、②、③を加えてあえる。

b

a

酢のもの

○三杯酢あえ

トマトと納豆の三杯酢あえ

酸味が控えめでコクがあり、昆布だしが入って味はまろやか。トマトと納豆の組み合わせが新しい、夏向きの酢のものです。

材料・2〜3人分

トマト　大1個
納豆　100g
しょうがのせん切り　1片分
青じそのせん切り　3枚分
三杯酢（作りやすい分量）
- 米酢　大さじ1
- 昆布だし（12ページ参照）　大さじ1
- 薄口しょうゆ　大さじ1
- きび砂糖　小さじ1

a

① 三杯酢の材料を鍋に入れてさっと火にかけ、砂糖を溶かし、そのまま冷ます。

② ボウルに納豆を入れ、トマトを食べやすい大きさに切って加え、しょうがも入れる。三杯酢適量を加え（a）、ざっとあえる。

③ 器に盛り、青じそを添える。

酢みそあえ

菜の花、たらの芽、生麩の酢みそあえ

春のほろ苦野菜、生麩、酢みその取り合わせが絶妙です。
酢みそは、白みそを使ったやさしい味わい。

材料・2〜3人分

菜の花　½束
たらの芽　2パック
生麩（粟麩）　120g
揚げ油（米油）　適量
酢みそ（作りやすい分量）
　白みそ　大さじ3
　米酢　大さじ1
　きび砂糖　大さじ½

① 菜の花は塩ゆでし、ザルに上げて水気を絞り、食べやすい長さに切る。

② たらの芽は茶色いはかまを取る(a)。生麩は1.5㎝幅に切る。揚げ油を170〜180℃に熱し、たらの芽と生麩を素揚げし、ペーパータオルにのせて油をきる(b)。

③ 酢みその材料は混ぜ合わせる。

④ ボウルに①と②を入れ、酢みそ適量を加えてあえる。

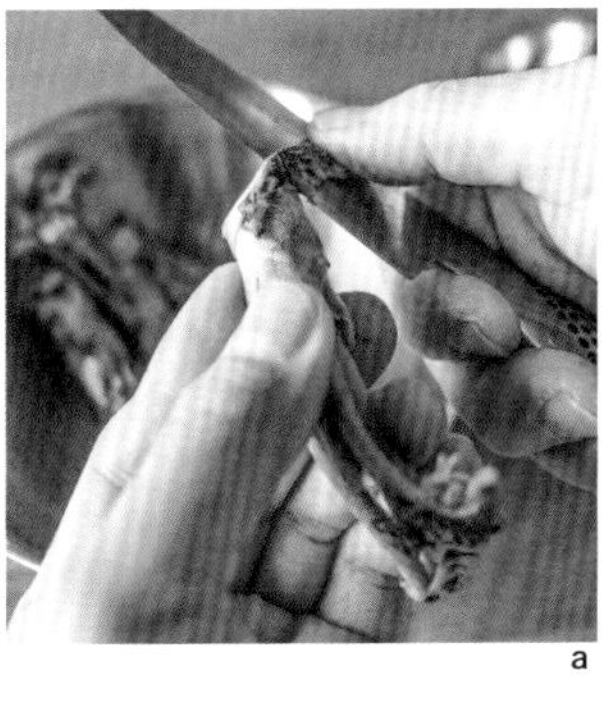

a

b

蒸し野菜のサラダ

材料・作りやすい分量

カリフラワー、芽キャベツ、小かぶ(白。紫)、紅芯大根、ミニにんじん(オレンジ、黄)、ラディシュ　各適量

ピーナッツみそディップ
- ピーナッツペースト　40g
- みそ　小さじ2
- きび砂糖　小さじ1～1⅓
- 水　大さじ1
- 豆板醤　小さじ⅓

オリーブオイル、粗塩、カットレモン　各適量

① カリフラワーは小房に分け、芽キャベツは半分に切る。小かぶは大きめのくし形、紅心大根は薄めのくし形に切る。ミニにんじんとラディッシュはそのまま。それぞれの野菜がなるべく同時に火が通るように切り分ける。

② ①をセイロに入れ(a)、蒸気の立った状態で6～10分、野菜に火が通るまで蒸す。竹串を刺してみてスーッと通るようになったら(b)、蒸し上がり。火からおろしてそのまま粗熱を取る(c)。

③ ピーナッツみそディップの材料を混ぜ合わせる(d)。

④ 器に②を盛り、ピーナッツみそディップを添える。好みでオリーブオイル、粗塩、レモンを搾って食べてもいい。

a

b

c

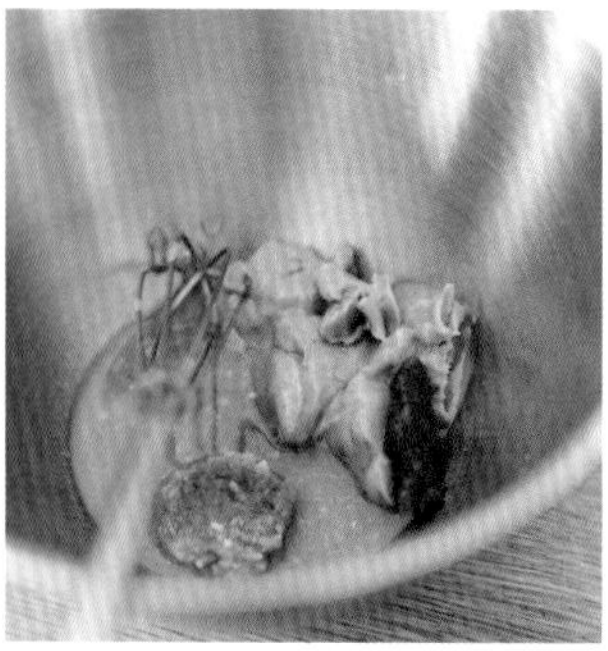

d

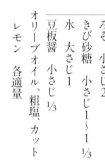

色や形が違う野菜を
数種類取り合わせると、
それだけで華やか。
蒸したてよりも
粗熱が取れたくらいの方が
野菜の味が感じられておいしい。
ピーナッツみそディップがあると
もりもり食べられます。

サラダ

ポテトサラダ

蒸したじゃがいものおいしさを存分に味わいたいから、じゃがいも3品種と手作りの豆乳マヨネーズだけで作ります。

材料・3人分

じゃがいも3品種（キタアカリ、シャドークイーン、アンデスレッド）
合わせて300g

豆乳マヨネーズ
- 豆乳（成分無調整）　大さじ3
- 太白ごま油　大さじ1 1/2
- 米酢　大さじ1
- 白みそ　大さじ1 1/2
- 塩　一つまみ
- きび砂糖　少々
- 粒マスタード　小さじ2/3

① じゃがいもは洗ってセイロに入れ、蒸気の立った状態で蒸す。竹串を刺してみてスーッと通るようになったら蒸し上がり。粗熱が取れたら皮をむき、一口大に切る。

② ボウルに豆乳マヨネーズの材料を入れ（a）、泡立て器でよく混ぜる。

③ ②にじゃがいもを入れ、ゴムベラであえる（b）。

a

b

水菜と色大根のサラダ

野菜のみずみずしさとシャキシャキ感を楽しむ、生野菜のサラダ。
和風ヴィネグレットソースがおいしさの秘密です。

材料・2〜3人分

水菜　½束（120g）
紅芯大根、紫大根
　合わせて120g
和風ヴィネグレットソース
　太白ごま油　大さじ1⅓
　米酢　大さじ½
　溶き辛子　小さじ⅔
　塩　一つまみ
レモンの搾り汁　大さじ½

① 水菜は冷水に入れてシャキッとさせ（a）、根元を切り落として3cm長さに切る。大根は3cm長さのせん切りにする。

② ボウルに和風ヴィネグレットソースの材料を入れて泡立て器でよく混ぜて乳化させる（b）。

③ ②に水菜と大根を入れてよくあえ、好みでレモンの搾り汁を加える。

a

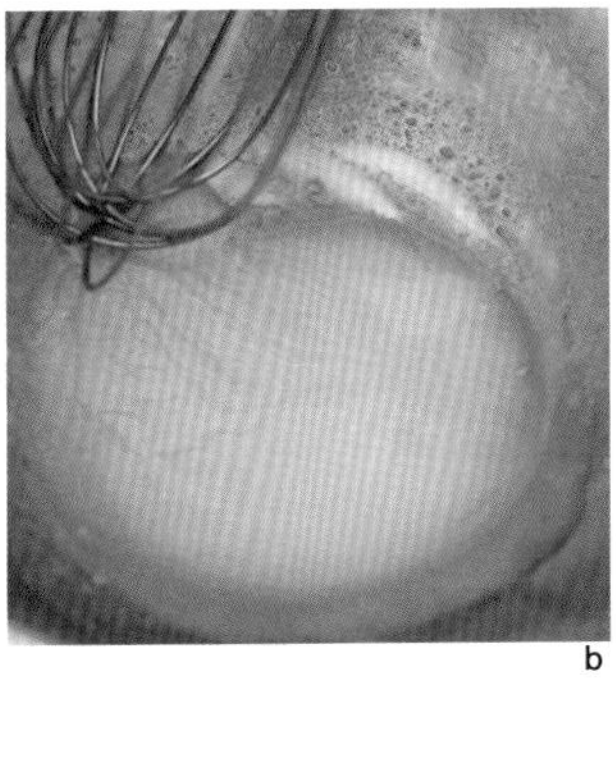
b

含め煮

里芋の煮もの

下ゆでしてぬめりを取ってから煮ると、中までホクホク。最後に味をからめて、こっくりとした味に仕上げます。

材料・3人分

里芋　4〜5個（300g）

煮汁
- 昆布だし（12ページ参照）　1カップ
- しょうゆ　大さじ1
- みりん　大さじ1
- きび砂糖　大さじ1/2

青のり　適量

① 里芋は皮をむいて大きめの一口大に切り、塩小さじ1（分量外）をふって手でもみ（a）、水で洗う。鍋に入れ、かぶるくらいの水を加えて強火にかけ、煮立ったら中火にし、5分ほどゆで、ザルに上げる。水で洗ってぬめりを取り、水気をきる（b）。

② 鍋に煮汁の材料と①を入れて強火にかけ、煮立ったらアクを取る。落としぶたをし、弱めの中火で煮汁がほぼなくなるまで15分ほど煮る（c）。

③ 器に盛り、青のりをふる。

c

b

a

かぼちゃの梅酢煮

甘いかぼちゃに梅酢の酸味が加わって、すっきりとした味わい。
皮目を下にして鍋に入れると、上下を返さなくておいしく煮えます。

材料・3〜4人分

かぼちゃ　1/4個（400g）
きび砂糖　20g
煮汁
　酒　大さじ1
　みりん　大さじ1/2
　梅酢　大さじ1/2
　薄口しょうゆまたはしょうゆ
　　小さじ1/3
水　大さじ5

①　かぼちゃは大きめの一口大に切り、ところどころ皮をむく。ボウルに入れ、きび砂糖をまぶして10分ほどおく（a）。皮目を下にして鍋に並べる。

②　①のボウルに煮汁の材料を入れ、ボウルの下に残ったきび砂糖を混ぜ、かぼちゃの上からかける（b）。

③　落としぶたをして中火にかけ、煮立ったら火を弱め、ふたをして煮汁がなくなるまで15分ほど煮る。途中水気が足りなくなったら、水を少量ずつ足す。竹串を刺してみてスーッと通るようになったら火を止め、そのまま冷ます。

a

b

高野豆腐ときのこの含め煮

煮汁の味やうまみをたっぷりと吸った、高野豆腐ときのこが美味。
高野豆腐は揚げてから煮るとコクが出て、煮汁もおいしくなります。

材料・2〜3人分
高野豆腐　2枚
片栗粉　大さじ1½
揚げ油（米油）　適量
まいたけ、しめじ、えのきだけ
　合わせて180g
煮汁
　昆布だし（12ページ参照）　1カップ
　しいたけだし（12ページ参照）
　　½カップ
　みりん　大さじ2½
　しょうゆ　大さじ2
　きび砂糖　小さじ1弱
ぎんなん（塩ゆでして薄皮をむいたもの）　15粒

① 高野豆腐は60℃くらいの湯に15分ほどつけて戻し、両手ではさんで水気を絞る。8等分に切って片栗粉をまぶし、180℃に熱した揚げ油に入れ、ときどき上下を返しながらカリッとするまで揚げる(a)。

② まいたけは手でさき、しめじとえのきだけは石づきを取ってほぐし、食べやすい長さに切る。

③ 鍋に煮汁の材料を入れて火にかけ、煮立ったら②とぎんなんを入れてアクを取り、①を入れ(b)、中火で5分ほど煮る。

④ 器に盛り、削いだゆずの皮（分量外。あれば）を散らす。

a

b

車麩の治部煮

車麩に片栗粉をまぶしてカリッと焼いて、野菜と一緒に煮た精進バージョンの治部煮です。煮汁にとろみがついて。やさしい味わい。

材料・2～3人分

車麩　2枚
片栗粉　大さじ1
太白ごま油　大さじ2/3
干ししいたけ(戻したもの＊)　大2枚
長芋　160g
にんじん　1/2本(60g)
三つ葉(ゆでたもの)　1/2束
煮汁
　昆布だし(12ページ参照)　1カップ
　干ししいたけの戻し汁　1/2カップ
　みりん　大さじ3
　薄口しょうゆ、酒　各大さじ2

＊干ししいたけの戻し方……干ししいたけ1枚当たり1カップ程度の水に一晩つけて戻し、軸を取る。

① 車麩は60℃くらいの湯に15分ほどつけて戻し、4等分のそぎ切りにして水気をしっかりと絞る。片栗粉をまぶし、太白ごま油を熱したフライパンで両面カリッとするまで焼く(a)。

② 干ししいたけは1cm厚さのそぎ切りにする。長芋は2cm厚さに切って皮をむき、にんじんは4cm長さの棒状に切る。

③ 鍋に煮汁の材料と②を入れ、車麩を上にのせて火にかける。煮立ったらアクを取り、弱火にして落としぶたをし、煮汁が少し残るくらいまで12分ほど煮る(b)。

④ 器に盛り、三つ葉を食べやすい長さに切って添える。

a

b

ひじきの煮もの

大豆、干ししいたけ、油揚げを入れた、定番の常備菜。
煮汁がなくなるまでじっくり煮含ませるのがおいしさのコツです。

材料・作りやすい分量

芽ひじき　15g
干ししいたけ（戻したもの＊）　1枚
油揚げ　½枚
大豆（ゆでたもの。13ページ参照）　80g
太白ごま油　小さじ1
煮汁
　昆布だし（12ページ参照）　¾カップ
　干ししいたけの戻し汁　¼カップ
　薄口しょうゆ、みりん　各大さじ1⅓
　酒　大さじ1
　きび砂糖　小さじ2

＊干ししいたけの戻し方……干ししいたけを1枚あたり1カップ程度の水に一晩つけて戻し、軸を取る。

① ひじきはたっぷりの水に15分ほどつけて戻し、ザルに上げて水気をきる（a）。干ししいたけは薄切りにし、油揚げは半分に切って1.5cm幅に切る。

② 鍋に太白ごま油を熱して①と大豆を中火で炒め、煮汁の材料を入れる。煮立ったらアクを取り、弱めの中火にし、ときどき混ぜながら煮汁がほぼなくなるまで煮る。水分を飛ばしながら煮上げる（b）。

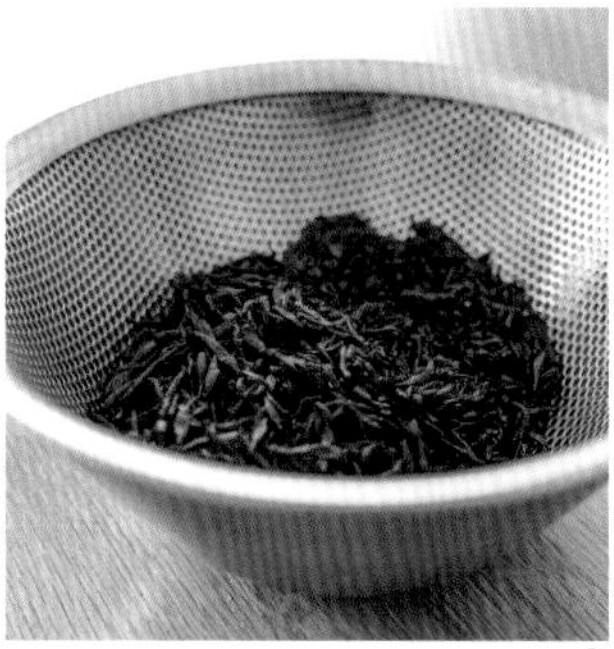

a

b

切り干し大根の煮もの

水で戻した切り干し大根はしっかりと水気を絞るのが最大のポイント。これでだし汁や調味料がよくしみ込み、冷めるとさらにおいしくなります。

材料・作りやすい分量

切り干し大根　40g
にんじん　50g
油揚げ　1枚
太白ごま油　小さじ1
煮汁
昆布だし（12ページ参照）
1½カップ
薄口しょうゆ、みりん
各大さじ1½
きび砂糖　大さじ½

① 切り干し大根はかぶるくらいの水に15分ほどつけて戻し（a）、ザルに上げて水気を絞る。にんじんは4cm長さのせん切りにし、油揚げは縦半分に切って細切りにする。

② 鍋に太白ごま油を熱して①を中火で炒め（b）、煮汁の材料を加える。煮立ったらアクを取り、弱めの中火にし、ときどき混ぜながら煮汁がほぼなくなるまで煮る。

a

b

うどのきんぴら

材料・作りやすい分量

うど　大1本（200g）
太白ごま油　大さじ½
赤唐辛子の小口切り　½〜1本分
酒　大さじ2
きび砂糖　大さじ½〜⅔
薄口しょうゆ　大さじ1強

① うどはかたい部分の皮を薄くむき、4cm長さの短冊切りにする。5分ほど酢水にさらし、ザルに上げて水気をきる。

② フライパンに太白ごま油と赤唐辛子を入れて弱火にかけ、香りが立ったら①を入れ、中火でよく炒める。

③ しんなりしたら、酒、きび砂糖、薄口しょうゆを順に加え、汁気がなくなるまで炒める。炒めながら味をなじませる。

野菜の香りと
歯応えを楽しむ
きんぴらは、
中火で手早く炒め、
煮汁を
すっかり飛ばして
仕上げます。

れんこんの梅きんぴら

材料・作りやすい分量

れんこん　大1節（250g）
梅干し（塩分18%）　1個
みりん　大さじ1½
酒　大さじ1
薄口しょうゆ　小さじ1
きび砂糖　小さじ1
太白ごま油　大さじ½

① れんこんは皮をむき、薄切りにして水にさらし、ザルに上げて水気をきる。

② 梅干しは種を除いてたたき、みりん、酒、薄口しょうゆ、きび砂糖と混ぜ合わせる。

③ フライパンに太白ごま油を熱して①を中火で炒め、②を加えて汁気がなくなるまでさらに炒める。

いつものきんぴらを
アレンジした、
ほんのり酸っぱい
炒め煮です。
梅の風味を
立たせたいので、
しょうゆの分量は
減らします。

高野豆腐の揚げ煮

味気ないと思われがちな高野豆腐は、素揚げしてから煮ると予想以上のおいしさ。汁気がなくなるまで煮て常備菜にします。

材料・作りやすい分量

高野豆腐　2枚
揚げ油（米油）　適量
煮汁
- 昆布だし（12ページ参照）　1カップ
- 薄口しょうゆ　大さじ1弱〜大さじ1
- みりん　大さじ1½
- 酒　大さじ1
- きび砂糖　大さじ½

① 高野豆腐は60℃くらいの湯に15分ほどつけて戻し、両手ではさんで水気をしっかり絞り、4等分に切る。

② 揚げ油を180℃に熱して①を入れ、ときどき上下を返しながらカリッとするまで揚げ、ペーパータオルにのせて油をきる（a）。

③ 鍋に煮汁の材料を入れて煮立て、高野豆腐を重ならないように入れる。オーブンシートで落としぶたをし（b）、弱めの中火で煮汁がほぼなくなるまで煮る。

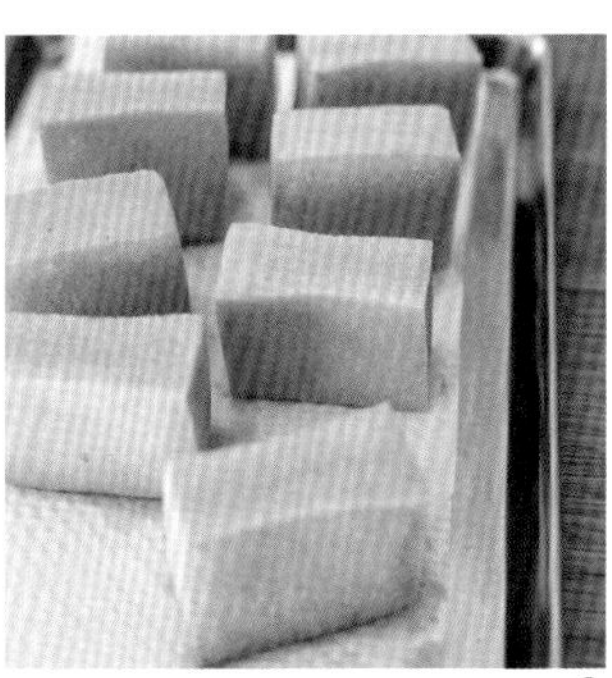
a

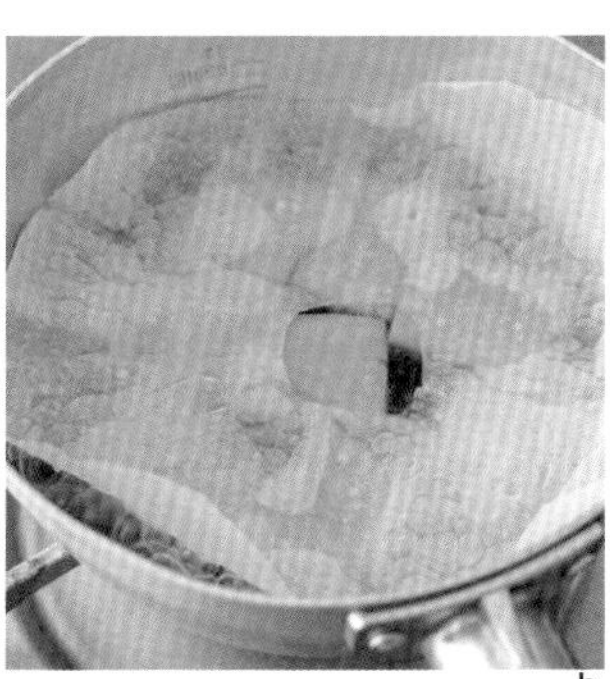
b

なますいなり

材料・作りやすい分量

油揚げ煮（10個分）
- 油揚げ　5枚
- 水　1カップ
- しょうゆ　大さじ1
- きび砂糖　大さじ1 ½
- 塩　一つまみ

紅白なます（作りやすい分量）
- 大根　300g
- 金時にんじんまたはにんじん　40g
- 米酢　¼カップ
- グラニュー糖または上白糖　50g
- 塩　4g
- 水　¼カップ
- 白炒りごま　適量

① 紅白なますを作る。鍋に米酢、グラニュー糖、塩、水を入れて火にかけ、砂糖が溶けたら火を止めて冷ます。

② 大根と金時にんじんは皮をむき、4㎝長さのごく細いせん切りにしてボウルに入れる。ひたひたの水を計量しながら加え、水の分量の3％の塩（分量外）を加えて手でよくもみ（a）、15分ほどおき、水気をしっかりと絞る。

③ 保存容器に入れ、①を加えて冷蔵庫に入れて半日ほどおく。

④ 油揚げ煮を作る。油揚げは半分に切って袋状にし、熱湯で1～2分ゆでて油抜きをする。ザルに上げ、木べラを押しつけるようにして水気をきる（b）。

⑤ 鍋に水、しょうゆ、きび砂糖、塩を入れて火にかけ、油揚げをずらしながら並べ入れる。オーブンシートで落としぶたをし、弱めの中火で煮る（c）。煮汁がなくなる少し手前で火を止め、そのまま冷ます（d）。

⑥ 油揚げの口を内側に折り込み、紅白なますにごまを加えて混ぜ、適量ずつ詰める（e）。

a

b

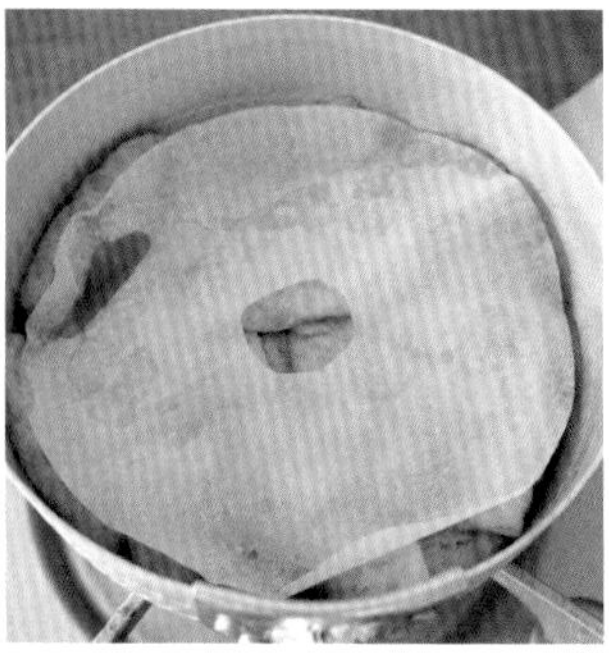
c

d

e

しょうゆ味で煮た油揚げに
常備菜を詰めた
「おかずいなり」は
食堂いちじくの十八番。
ここでは紅白なますを作り、
中身が見えるように詰めて
オープンいなりに仕立てます。
常備菜（78～81ページ）を
詰めるのもおすすめです。

常備菜とおかずいなり

卯の花いなり

材料・10個分

卯の花（おから）　100g
にんじん、れんこん、ごぼう
　合わせて100g
干ししいたけ（戻したもの＊）　1枚
油揚げ　¼枚
煮汁
　昆布だし（12ページ参照）　¾カップ
　干ししいたけの戻し汁　¼カップ
　薄口しょうゆ　大さじ1
　みりん　大さじ1
　きび砂糖　大さじ1
太白ごま油　大さじ1
塩　適量
油揚げ煮（82ページ参照）　10個分
三つ葉　10本
ゆずの皮のせん切り　適量

＊干ししいたけの戻し方……干ししいたけ1枚当たり1カップ程度の水に一晩つけて戻し、軸を取る。

①　卯の花はフライパンに入れて弱めの中火にかけ、木べラで混ぜながら炒る（a）。

②　にんじんは薄いいちょう切りにする。れんこんは皮をむき、ごぼうは皮をこそげ、にんじんと同じくらいの大きさに切る。れんこんとごぼうは酢水にさらしてザルに上げ、水気をきる。干ししいたけ、油揚げはみじん切りにする（b）。

③　煮汁の材料は混ぜておく。

④　フライパンに太白ごま油を熱して卯の花を炒め、②を加えて炒め合わせる。

⑤　③の煮汁を加え（c）、ふたをして弱めの中火で8分ほど煮る。ふたを取って汁気を飛ばし（d）、塩で味を調える。

⑥　三つ葉はさっと塩ゆでし、冷水に取って水気を絞る。

⑦　油揚げ煮の口を外側に折り返し、卯の花を等分に詰め（e）、口を元に戻して閉じる。中心を三つ葉で結び、余分な部分をキッチンバサミで切り落とす。

⑧　器に盛り、ゆずの皮を散らす。

a

b

c

d

e

卯の花を
82ページの油揚げに詰めた、
おかずいなりです。
油揚げと一緒に頬張ると
うまみたっぷりでおいしいだけでなく、
食べやすいのが魅力。
お弁当にもおすすめです。

手作りごま豆腐

ごまペーストで作るごま豆腐

材料・13×9×高さ4.5cmの保存容器1個分
白ごまペースト　50g
葛粉　50g
昆布だし（12ページ参照）　350mℓ
わさびのすりおろし、しょうゆ　各適量

① 鍋に昆布だしを入れ、白ごまペーストと葛粉を濾しながら加え(a)、ゴムベラでよく混ぜる。

② ①を中火にかけ、ゆっくりと鍋底からかき混ぜ続ける(b)。

③ かたまりかけたら、少しフツフツするくらいの弱火にし、さらに10分ほどしっかりと練り続ける(c)。弾力が出たら火を止める。

④ すぐに水でぬらした容器に流し入れ(d)、表面にぴったりとラップを張る。バットに箸を二本離しておき、箸の上に容器をのせ、氷水を入れて冷やす(e)。

⑤ 粗熱が取れたら、冷蔵庫に30分ほど入れて冷やしかためる。

⑥ 好みの大きさに切り分けて器に盛り、わさびのすりおろしをのせ、しょうゆを添える。

その日食べなかった分は冷蔵庫へ。かたくなったら上下に太白ごま油を薄くぬり、フッ素樹脂加工のフライパンで両面焼くのもおすすめ。中まで温めるととろっとしてやわらかく、表面は香ばしく、また違ったおいしさが楽しめる。

a

b

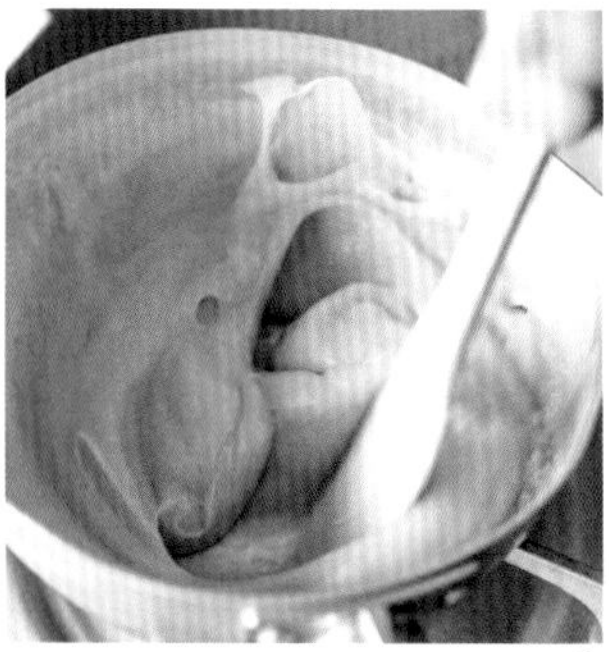
c

d

e

本来はごまを
すり上げるところから作りますが、
ここでは初心者でも失敗しにくいように
白ごまペーストを使ったレシピを紹介。
しっかり練ることにより、
ツヤがよくなり弾力がつきます。
夏場は昆布だしの代わりに水を使うと
さっぱりとした仕上がりになります。

汁もの

季節のすり流し

春 うすいえんどうのすり流し

↓作り方90ページ

若草色が新緑を思わせる、春に作りたい冷製の汁ものです。ゆで汁のうまみと香りを最大限に生かしたいので、味つけは塩のみ。

夏 とうもろこしのすり流し

↓作り方90ページ

とうもろこしはゆでたらラップに包んで冷ますと、うまみがそのまま。冷製でも温製でも、素材そのものの味がしっかり感じられます。

秋
大豆のすり流し

↓作り方91ページ

大豆、大豆のゆで汁、豆乳で作る、やさしく滋味深い味が魅力。白みそでコクと甘みを出すのがポイントです。

冬
カリフラワーのすり流し

↓作り方91ページ

オリーブオイルのほのかな香りがおいしさを盛り立てる、洋風仕立て。牛乳や生クリームの代わりに豆乳を使って、ヘルシーに仕上げます。

うすいえんどうのすり流し

材料・2〜3人分
うすいえんどうまたは
　グリンピース（さやから出したもの）
　約80g
塩　適量
太白ごま油　小さじ½

① 鍋に水1カップを入れて煮立て、塩小さじ¼、太白ごま油を加え、うすいえんどうを入れて5分ほどゆでる。
② ゆで汁ごとボウルに移し、ボウルの底を氷水を当て、混ぜながら冷ます(a)。
③ ゆで汁ごとミルサーまたはミキサーに入れ、なめらかになるまで攪拌する(b)。
④ 水適量で濃度を調節し、塩で味を調える。冷蔵庫に入れて冷やす。

a

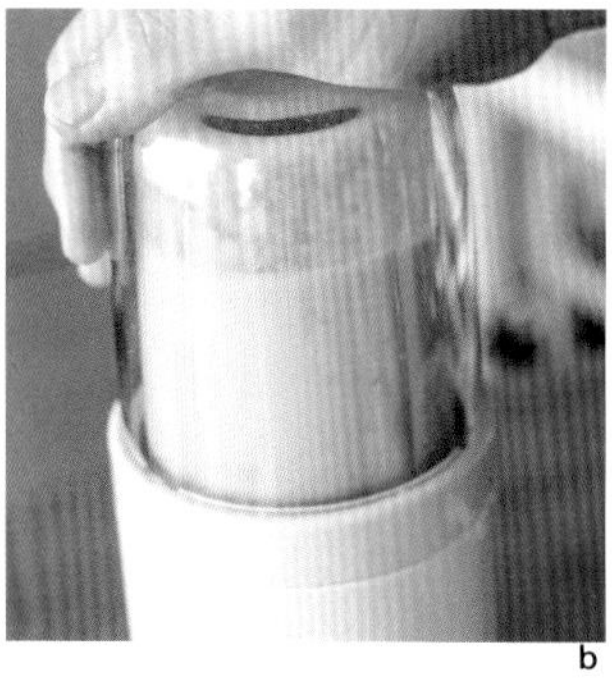
b

とうもろこしのすり流し

材料・2人分
とうもろこし（皮とひげ根を取ったもの）
　1本
塩　適量
太白ごま油　大さじ½
酒　大さじ1

① とうもろこしは半分に切る。鍋に水3カップを入れて煮立て、塩3g（塩水に対して0.5％）を加え、とうもろこしを入れて7〜8分ゆでる。ゆで汁をきってラップに包んで冷まし(a)、ゆで汁は1〜1½カップとっておく。
② とうもろこしが完全に冷めたらラップをはずし、包丁で実をこそげ取る。
③ 鍋に太白ごま油を熱し、②を入れて1〜2分炒め、酒、取っておいたゆで汁の順に加えて(b)、弱めの中火で5分煮る。ハンドブレンダーで攪拌し、濾してなめらかにする(c)。冷蔵庫に入れて冷やし、塩で味を調える。

a

b

c

大豆のすり流し

材料・2～3人分

大豆（ゆでたもの。13ページ参照）　100g
大豆のゆで汁　70mℓ
豆乳　140mℓ
白みそ　20g
塩　少々

① 塩以外の材料をミルサーまたはミキサーに入れ(a)、なめらかになるまで撹拌する。

② 鍋に移して中火にかけ、水適量で濃度を調整し、温める(b)。塩で味を調える。

a

b

カリフラワーのすり流し

材料・2～3人分

カリフラワー　1/3個（150g）
塩　適量
オリーブオイル　大さじ2/3
豆乳　3/4カップ

① カリフラワーは小房に分けて薄切りにし、鍋に入れる。塩一つまみとオリーブオイルを回しかけ、手で混ぜてなじませる(a)。

② ①に水大さじ2を加えて中火にかけ、蒸気が立ったら弱火にし、ふたをして蒸気が立った状態で10分ほど蒸しゆでにする。ときどき上下を返し、焦げそうになったら水少々を足す。火を止めて、ふたをしたまま5分おく(b)。

③ ミルサーまたはミキサーに移して豆乳を加え(c)、なめらかになるまで撹拌する。水適量で濃度を調節し、塩で味を調える。

④ 器に注ぎ入れ、オリーブオイル少々（分量外）をかける。

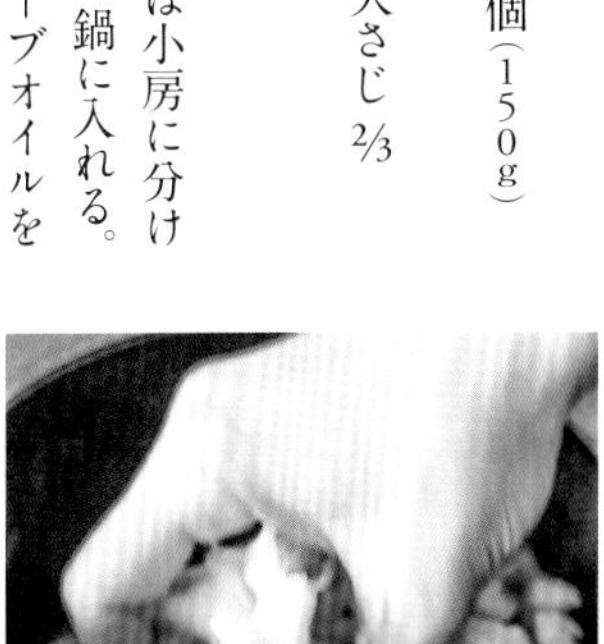

a

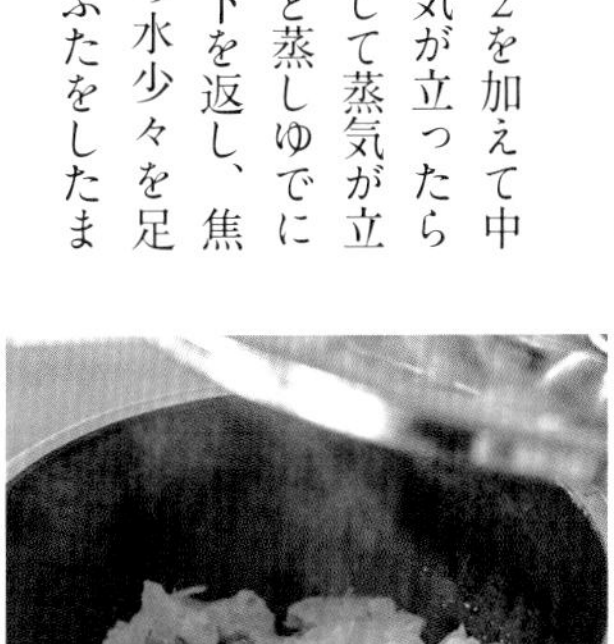

b

c

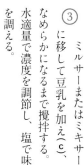

汁もの

けんちん汁

材料・2～3人分
木綿豆腐　100g
大根　70g
大根の葉　適量
にんじん　40g
里芋　2個（100g）
ごぼう　40g
しいたけ　2枚
ごま油　小さじ1
塩　一つまみ
酒　大さじ2
昆布だし（12ページ参照）
　1 ½カップ
しいたけだし（12ページ参照）
　½カップ
薄口しょうゆ　大さじ1
七味唐辛子　適量

① 豆腐は軽く水きりする。大根は1㎝厚さのいちょう切りにし、葉は小口切りにする。にんじんは5㎜厚さのいちょう切りにし、里芋は皮をむいて1㎝厚さの半月切りにする。ごぼうはよく洗って斜め薄切りにし、酢水にさらして水気をきる。しいたけは石づきを取って半分に切ってから1㎝厚さに切る（a）。

② 鍋にごま油を熱し、豆腐以外の①を炒め（b）、塩と酒を入れる。昆布だし、しいたけだしを加え（c）、野菜に火が通るまで10分ほど煮る（d）。

③ 豆腐をちぎりながら入れ（e）、豆腐に火が通ったら薄口しょうゆで味を調える。

④ 器に盛り、好みで七味唐辛子をふる。

a

b

c

d

e

たっぷりの野菜と豆腐で作る、
精進の代表的料理。
粗食のイメージがある
精進料理にもかかわらず
多くの野菜を刻んで使うのは、
残り野菜を使い切るための
料理だったのが所以。
豆腐も手でくずして入れます。

汁もの

大豆、豆腐、かぶの粕汁

材料・2〜3人分
かぶ（葉つき）　中1個
油揚げ　½枚
木綿豆腐　100g
大豆（ゆでたもの。13ページ参照）　60g
昆布だし（13ページ参照）　適量
白みそ　50g
酒粕　30g
豆乳　1カップ
薄口しょうゆ　小さじ½
粉山椒　適量

①かぶは8等分のくし形に切る。葉は食べやすい長さに切り、油揚げはみじん切りにする（a）。豆腐は2㎝角に切る。
②鍋にかぶ、かぶの葉、油揚げ、大豆を入れ、昆布だしをかぶるくらい加え、中火で10分ほど煮て、かぶにおおかた火を通す。
③ボウルに白みそと酒粕を入れ、豆乳の½量を加えて泡立て器で混ぜ（b）、残りの豆乳を加えて混ぜる。
④③を②の鍋に加えて混ぜ（c）、豆腐を入れ（d）、弱めの中火で煮て豆腐に火を通す。濃度が濃ければ昆布だし（分量外）を足し、薄口しょうゆで味を調える。
⑤器に注ぎ入れ、好みで粉山椒をふる。

a

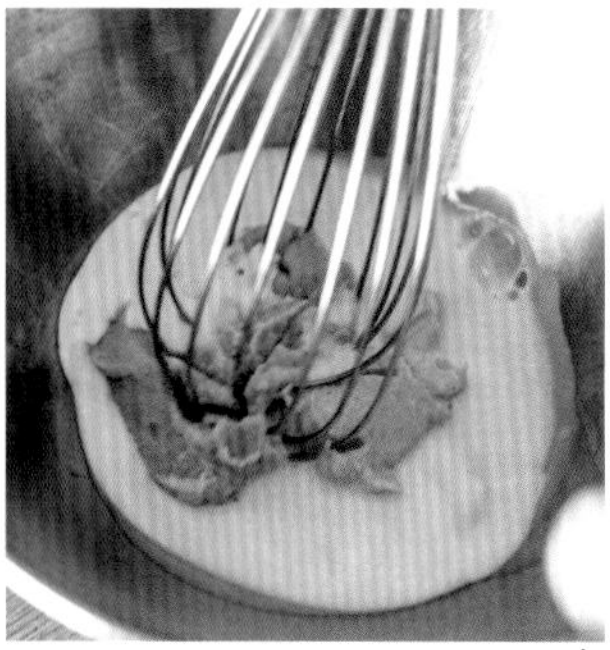
b

c

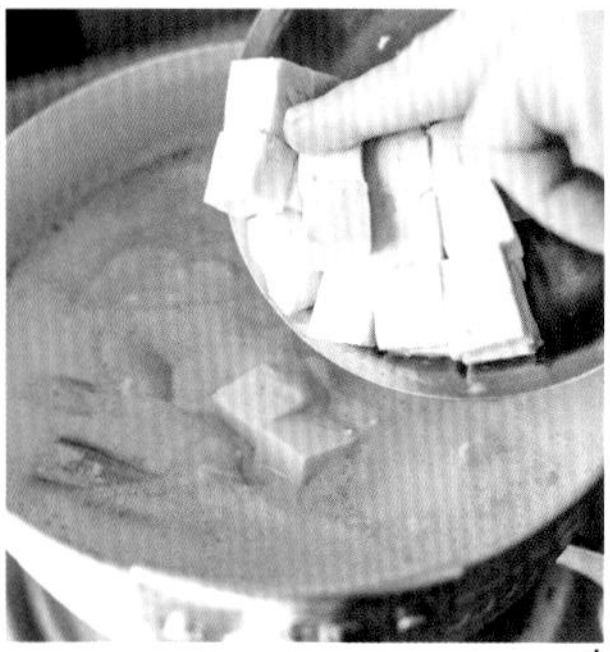
d

昆布だしと豆乳、
コクのある酒粕と
甘みのある白みそで作る、
精進の汁もの。
ここでは冬が旬のかぶと
油揚げ、大豆、豆腐といった
大豆製品を取り合わせ、
栄養たっぷりに仕上げます。
体の中から温まります。

漬けもの

即席しば漬け

なす、みょうが、しょうが、青じそ。
香味野菜をたっぷり使った歯応えのいい即席漬けです。作ってすぐに食べられます。

材料・作りやすい分量
なす　2本
みょうが　2本
青じそ　4〜5枚
しょうが　1片
梅干し（塩分18%）　1個
米酢　大さじ½

① なすはヘタを取って縦半分に切り、斜め薄切りにする。みょうが、青じそはせん切りにし、しょうがは皮をむいてせん切りにする。
② ①をボウルに入れ、野菜の重量の3%の塩（分量外）を加えて手でよくもみ、10分ほどおく。ザルに上げ、ペーパータオルをのせて手で押して水気をしっかりと絞る（a）。
③ 梅干しは種を除いて包丁でたたく。ボウルに入れ、米酢を加えて混ぜる。
④ ③に②を入れ（b）、よくあえる。

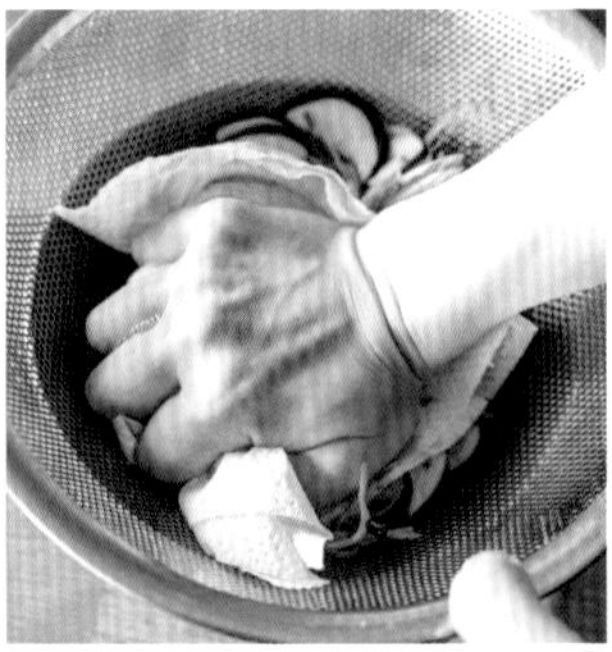

a

b

福神漬け

甘さ控えめでフレッシュな食感、添加物なしのおいしさは自家製ならでは。大根、きゅうり、にんじんは分量通りでなくても、合わせて200gになればOK。

材料・作りやすい分量

大根　120g
にんじん　30g
きゅうり　1/2本
青じそ　3枚
しょうが　10g
塩昆布の細切り　3g
白炒りごま　小さじ1
漬け汁
- しょうゆ　大さじ1 1/3
- 酒　大さじ1/2
- みりん、米酢、きび砂糖　各小さじ1
- 赤唐辛子の小口切り　1/4本分

① 大根とにんじんは1.5cm四方の薄切りにし、きゅうりは縦半分に切って薄切りにする。合わせてボウルに入れ、野菜の重量の2%の塩(分量外)をまぶして10分ほどおく。熱湯でさっと湯通しし(a)、ザルに上げて水気をしっかりと絞る。

② 青じそは粗みじん切りにし、しょうがは皮をむいてせん切りにする。

③ 漬け汁の材料は鍋に入れ、一煮立ちさせて冷ます。

④ ポリ袋に①、②、塩昆布、ごまを入れ、漬け汁を加えて全体に行き渡らせ(b)、口を閉じて1〜2時間おく。

a

b

漬けもの

旬菜のみそ粕漬け

みそ粕床は酒粕とみそが1対1の割合。酒粕はペースト状のものを使います。あらかじめ野菜に塩をもみ込んでおくと、漬かりやすくなります。

材料・作りやすい分量

大根、紅芯大根、紫大根、セロリ、セロリの葉　合わせて300g

みそ粕床

- 酒粕（やわらかいペースト状のもの）　大さじ4
- みそ　大さじ4

① 大根と色大根は5cm角に切る。セロリは10cm長さに切り、セロリの葉も適当な長さに切る。

② ボウルに入れ、野菜の重量の2%の塩（分量外）を加え(a)、手でもみ込んで10分ほどおく。水気が出たら拭き取る。

③ 保存袋にみそ粕床の材料を入れ、②を入れ、袋の上から手でもんでまんべんなく混ぜる(b)。袋の口を閉じ、冷蔵庫に入れて一晩おく。食べるときに洗って水気を拭いて切り分ける。

a

b

きゅうりのピクルス

ピクルス液が熱いうちに漬けるのがポイント。白ワインやローリエ、フェンネルシードを入れることで、ぐっと風味がよくなります。

材料・作りやすい分量

きゅうり　2本
ピクルス液
米酢　大さじ4
白ワイン　大さじ4
水　大さじ6
きび砂糖　大さじ2/3
塩　小さじ1
ローリエ　1枚
ファンネルシード　小さじ1/2
赤唐辛子　1本

① きゅうりは1cm厚さに切り、きゅうりの重量の2%の塩(分量外)をもみ込んで10分ほどおき、水気を拭いて保存容器に入れる。

② ピクルス液の材料を鍋に入れて火にかけ(a)、一煮立ちしたらすぐに①に加える(b)。一晩以上漬ける。

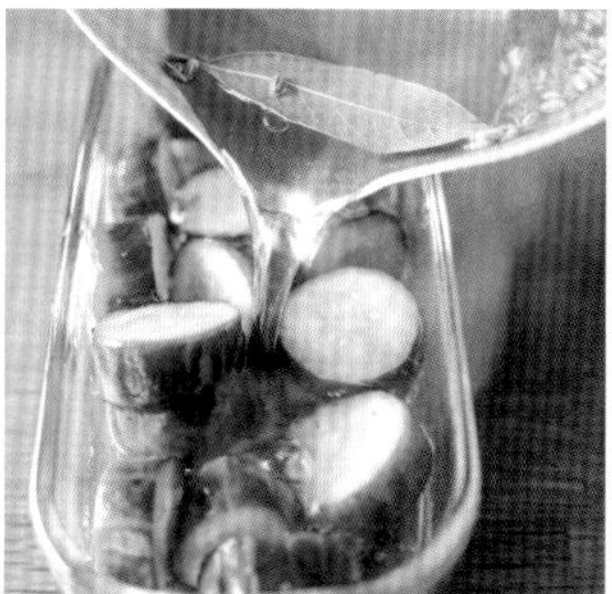
b

a

漬けものを使って

福神漬けののり巻き

福神漬けは白飯だけでなく酢飯との相性もいいので、のり巻きに。きゅうりを一緒に巻くとさっぱりとして、飽きないおいしさ。

材料・4本分

すしめし（108ページ参照） 320g
福神漬け（汁気をきったもの） 60〜70g
焼きのり 2枚
きゅうり 4cm

① 焼きのりは半分に切る。きゅうりは縦半分に切って種の部分をスプーンなどでこそげ取り、細切りにする。

② 巻きすの上に焼きのりをのせ、巻き終わりを2cmほど残してすし飯80gを広げる。中央に福神漬けときゅうりの¼量をおき、手前から巻く（a）。巻きすの上から押さえて形を整える。同様にしてあと3本巻く。

③ 4等分に切り分ける。

a

しば漬けとテンペの春巻き

材料・5本分
しば漬け（汁気をきったもの） 75g
テンペ 50g
春巻きの皮（小） 5枚
水溶き小麦粉（小麦粉と水は同量） 適量
揚げ油（米油） 適量

① テンペは薄切りにする。
② 春巻きの皮に、しば漬け15g、テンペ10gをのせ、巻き終わりと左右の皮に水溶き小麦粉をつけ、手前から巻く（a）。同様にしてあと4本作る。
③ フライパンに揚げ油を3cm深さまで入れて170℃に熱し、②を入れ、ときどき上下を返しながらきつね色に揚げる。油をきり、斜め半分に切る。

a

しば漬けと淡白な味のテンペを組み合わせた、食べ応えのある春巻き。テンペの代わりに納豆を使ってもおいしい。

ピクルスサンド

材料・1人分
きゅうりのピクルス 適量
食パン（耳あり。8枚切り） 2枚
マーガリン、粒マスタード 各適量

① きゅうりのピクルスは水気をきって薄切りにする。
② 食パンの片面にマーガリンを端までぬり、続いて粒マスタードもぬる。パン1枚に①を少しずらしながらびっしりと並べ（a）、もう1枚のパンではさむ。
③ 耳を切り落とし、6等分に切り、パセリ（分量外）を添える。

a

ピクルスだけをはさんだシンプルサンドは、マーガリンをパンの端までしっかりとぬり、粒マスタードをほんのり効かせると、おいしさ倍増。

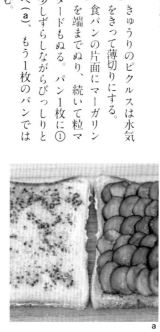

八宝菜のあんかけご飯

材料・2人分

車麩　1枚
片栗粉　大さじ2/3
太白ごま油　大さじ1/2

白菜　1/8個(200g)
たけのこ(水煮)　80g
にんじん　50g
しめじ　80g
しょうが　1片
絹さや　10枚
ごま油　適量
塩　二つまみ

あん
しいたけだし(12ページ参照)　1カップ
しょうゆ　大さじ2強
みりん　大さじ1 1/2
酒　大さじ2
きび砂糖　小さじ1
甜麺醤　小さじ1

水溶き片栗粉
片栗粉大さじ1+水大さじ3

ご飯(温かいもの)　適量

① 車麩は60℃くらいの湯に15分ほどつけて戻し、4等分に切ってから水気をしっかりと絞り、厚みを半分に切る。片栗粉をまぶし、太白ごま油を熱したフライパンで両面カリッとするまで焼く(a)。

② 白菜の葉は3㎝幅に切り、芯はそぎ切りにする。たけのこは薄切りにする。にんじんは短冊切りにし、しめじは石づきを取ってほぐす。しょうがはせん切りにする。絹さやは筋を取って塩ゆでし、冷水に取って水気をきる。

③ 水溶き片栗粉以外のあんの材料を混ぜる。

④ フライパンにごま油大さじ1/2を熱して絹さや以外の②を入れて炒め(b)、塩を加えて混ぜる。ふたをし(c)、強めの中火で2分ほど蒸し焼きにし、野菜に火を通す。

⑤ 車麩をのせ(d)、③を注ぎ入れて一煮し、絹さやを加える。水溶き片栗粉を回し入れ(e)、とろみがついてきたら車麩と野菜によくからめる。仕上げにごま油小さじ1を回し入れる。

⑥ 器にご飯を盛り、⑤をたっぷりとかける。

a

b

c

d

e

カリッと焼いた車麩と
いろいろな野菜を取り合わせた
ボリューム満点のうま煮を、
ご飯にかけた中華丼。
しょうゆ味のあんがからまった
車麩が絶品です。

ご飯もの

かき揚げ丼

材料・3人分

にんじん、かぼちゃ、れんこん、干ししいたけ（戻したもの＊）、まいたけ、三つ葉、しょうが
　合わせて200g
白炒りごま　適量
小麦粉　大さじ4〜5
揚げ油（米油）　適量
たれ（作りやすい分量）
　干ししいたけの戻し汁　大さじ3
　みりん　大さじ2
　しょうゆ　大さじ1 ⅔
　きび砂糖　大さじ⅔
ご飯（温かいもの）　茶碗3杯分
粉山椒　適量

＊干ししいたけの戻し方……干ししいたけ1枚当たり1カップ程度の水に一晩つけて戻し、軸を取る。

① たれを作る。すべての材料を鍋に入れて中火にかけ（**a**）、とろりとしてきたら火を止めて冷ます。

② にんじん、かぼちゃは太めのせん切りにし、れんこんも繊維に沿って太めのせん切りにする。干ししいたけは薄切りにし、まいたけは手でほぐす。三つ葉は3cm長さに切り、しょうがはせん切りにする。

③ ボウルに②とごまを入れ（**b**）、小麦粉を加えて全体にまぶし、水大さじ4〜5弱を少しずつ加え（**c**）、野菜同士がやっとくっつく状態にする。

④ フライパンに揚げ油を3cm深さまで入れて170℃に熱し、③を適量ずつ箸と手で平たく成形して静かに落とし入れる（**d**）。はじめはいじらず、かたまってきたら返し（**e**）、カラリと揚げて中まで火を通す。網にのせて油をきる。

⑤ 器にご飯を盛って粉山椒をふり、かき揚げをのせてたれをかける。

a

b

c

d

e

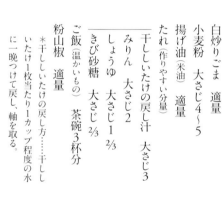

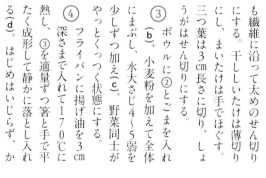

サクッと仕上がった
野菜のかき揚げは
それだけでもおいしいですが、
ここでは自家製だれをかけて
丼仕立てにします。
ごまの風味がアクセント。
しょうがやみょうが、
青じそなど香りの高い
野菜を入れるのがおすすめです。

ご飯もの

かやくご飯

材料・3〜4人分

米　2合
にんじん　40g
ごぼう　40g
しいたけ　2枚
油揚げ　½枚
昆布　4cm
合わせ調味料
- しょうゆ　大さじ1⅔
- 酒　大さじ1⅔
- みりん　大さじ1
- 塩　一つまみ

① 昆布は水350mℓに入れて30分以上おく(a)。

② 米は洗ってザルに上げ、15分ほどおく。

③ ①の昆布を取り出して細切りにする(b)。にんじんは薄切りにしてから5mm四方に切る。ごぼうはよく洗って縦半分に切ってから薄切りにし、酢水にさらす。しいたけは石づきを取って半分に切って薄切りにし、油揚げはみじん切りにする(c)。

④ 計量カップなどに合わせ調味料の材料を混ぜ合わせ、①の昆布だしを加えて370mℓになるように計量する。

⑤ 鍋に②、③、④を入れて一混ぜし、ふたをして30分浸水する(d)。

⑥ 強火にかけ、煮立ったらごく弱火にして10分ほど炊き、最後に10秒強火にして火を止める。そのまま10分蒸らし、底からさっくりと混ぜる(e)。

冷めてもおいしいから、おむすびにも。

a

b

c

d

e

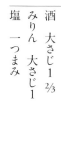

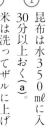

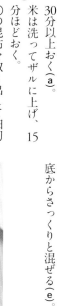

にんじん、ごぼう、
しいたけ、油揚げ。
うまみの出る具材と
調味料、昆布だしで
炊いたご飯は、
滋味あふれる味わい。
具材は細かく
切った方が米との
なじみがよく、
おいしい!

ご飯もの

ちらしずし

材料・3〜4人分

すしめし
- 米　2合
- 米酢　大さじ2
- グラニュー糖　大さじ1
- 塩　小さじ1

精進そぼろ
- 高野豆腐　2枚
- 干ししいたけ（戻したもの*1）　1枚
- しょうがのみじん切り　2片分
- 太白ごま油　大さじ½
- 水 ¾カップ
- 干ししいたけの戻し汁　¼カップ
- しょうゆ　大さじ1½
- 酒 大さじ2
- みりん　大さじ2
- きび砂糖　大さじ⅔

絹さや　適量
そら豆　適量
菜の花　適量

れんこんの甘酢漬け
- れんこん　小1節（120g）
- 甘酢*2　適量

紫大根の甘酢漬け
- 紫大根（縦半分に切ってスライサーで薄切りにしたもの）　10枚
- 甘酢*2　適量

*1 干ししいたけの戻し方……干ししいたけ1枚当たり1カップ程度の水に一晩つけて戻し、軸を取る。

*2 甘酢……米酢大さじ5、水大さじ5、グラニュー糖大さじ2½、塩小さじ½弱を鍋に入れて一煮立ちさせ、冷ます。⅕量を紫大根の甘酢漬けに使い、残りはれんこんの甘酢漬けに使う。

① れんこんの甘酢漬けを作る。れんこんは皮をむいて薄切りにし、2分ほど塩ゆでする。水気をきって甘酢に30分以上つける(a)。

② 紫大根の甘酢漬けを作る。紫大根は縦半割りにしてスライサーで薄切りにし、ボウルに入れ、水½カップ、塩小さじ⅔（分量外）を加えて手でもみ込み、15分ほどおく。水気を絞り、甘酢に10分ほどつける(b)。

③ 精進そぼろを作る。高野豆腐は60℃くらいの湯に15分ほどつけて戻し、両手ではさんで水気をしっかりと絞り、8等分に切る。干ししいたけは4等分に切る。フードプロセッサーに入れて攪拌し、そぼろ状にする(c)。

④ 鍋に太白ごま油を熱して③としょうがを炒め、水、干ししいたけの戻し汁、しょうゆ、酒、みりん、きび砂糖を加える。煮立ったらアクを取り、中火で煮る。煮汁がほぼなくなったら木べラで混ぜて汁気を飛ばす(d)。

⑤ 菜の花は根元のかたい部分を切り落とし、塩ゆでして水気を絞る。絹さやは筋を取って塩ゆでする。そら豆は塩ゆでして薄皮をむく。

⑥ ①のれんこんの甘酢漬けは、70g分を粗みじん切りにし、残りは汁気をきる。紫大根の甘酢漬けは軽く汁気を絞る。

⑦ すしめしを作る。米は洗ってザルに上げ、普通に炊く。鍋に米酢、グラニュー糖、塩を入れて一煮立ちさせて冷ます。ご飯が炊き上がったらボウルに移し、すぐにすし酢を回しかけ、うちわで扇ぎながら、切るように混ぜて冷ます。

⑧ ⑦に精進そぼろと粗みじん切りにしたれんこんの甘酢漬けを加え、さっくりと混ぜる(e)。器に盛り、れんこんの甘酢漬け、紫大根の甘酢漬け、⑤を彩りよくのせる。

a

b

c

d

e

すしめしに精進そぼろを混ぜ、
菜の花、絹さや、そら豆、
れんこんの甘酢漬け、
紫大根の甘酢漬けを散らした、
春のおすし。
高野豆腐と干ししいたけ、
しょうがで作った精進そぼろが、
おいしさの秘密です。

ご飯もの

玄米チャーハン

玄米ご飯は油との相性がよく、炒めても脂っこくならず、パラッとおいしく仕上がるのが魅力。玄米が苦手な人にもおすすめです。

材料・1人分

玄米ご飯(温かいもの。13ページ参照) 160g
しいたけ 1枚(20g)
にんじん 10g
たくあん、高菜漬け 合わせて30g
ごま油 大さじ½
酒 大さじ1
しょうゆ 小さじ⅔
塩、こしょう 各少々

① しいたけは石づきを取ってみじん切りにする。にんじん、たくあん、高菜漬けもみじん切りにし、高菜漬けは汁気を絞る(a)。

② フライパンにごま油を熱して①を炒め、玄米ご飯を加えて炒め合わせる(b)。

③ 酒、しょうゆを回し入れてさらに炒め、塩、こしょうで味を調える。

a

b

玄米ドリア

玄米ご飯に豆乳ホワイトソースをかけてオーブンで焼き上げます。玄米ご飯はケチャップで炒めておくと、味にボリュームが出ます。

材料・2人分

玄米ご飯(温かいもの。13ページ参照) 320g
しいたけ 6枚(100g)
ピーマン 2個
セロリ 30g
オリーブオイル 大さじ½
塩、こしょう 各適量
酒 大さじ2
トマトケチャップ 大さじ3〜4
イタリアンパセリのみじん切り 小さじ2
豆乳ホワイトソース(32ページ参照) 適量
アーモンドスライス 大さじ2

① しいたけは石づきを取って薄切りにし、ピーマンは種を取ってみじん切り、セロリもみじん切りにする。

② フライパンにオリーブオイルを熱し、①を入れて中火で炒め、塩一つまみをふり、酒とトマトケチャップを加えてさらに炒める。

③ 玄米ご飯とイタリアンパセリを加えて混ぜ(a)、塩、こしょうで味を調える。

④ 耐熱容器に入れてならし、豆乳ホワイトソースをかけ(b)、アーモンドスライスを散らす。220℃のオーブンで15〜20分焼く。

a

b

夏野菜のみぞれ南蛮そば

材料・2人分

みぞれ南蛮（作りやすい分量）
- 大根　250g
- しょうゆ　大さじ2½
- みりん　大さじ1
- 酒　大さじ1
- 米酢　大さじ½
- ごま油　小さじ1
- 赤唐辛子の小口切り　¼本分

ズッキーニ　½本
パプリカ（赤、黄、オレンジ）
　合わせて100g
しいたけ　6枚（80g）
太白ごま油　小さじ1
そば（乾麺）　100g
すだち　適量

① みぞれ南蛮を作る。大根は大きめの一口大に切り、フードプロセッサーに入れて撹拌し、粗くすりおろした状態にする(a)。

② フライパンに移し、しょうゆ、みりん、酒、米酢、ごま油、赤唐辛子を加えて混ぜ、中火で水分がほぼなくなるまで煮る(b)。冷めたら保存容器に入れ(c)、使うまで冷蔵庫に入れる。

③ ズッキーニ、パプリカは1.5cm角に切る。しいたけは石づきを取って1.5cm角に切る。太白ごま油を熱したフライパンに入れ、中火で焼きつけるようにして炒める(d)。

④ ボウルに②のみぞれ南蛮適量（大さじ5程度）と③の野菜を入れ、混ぜ合わせる。好みですだちを搾って入れる。

⑤ そばはたっぷりの湯でゆで、冷水に取ってザルに上げ、水気をきる。

⑥ 器にそばを盛り、④をかけ、好みですだちの輪切りを添える。全体に混ぜていただく。

a

b

c

d

e

南蛮酢と
大根おろしを合わせた
「みぞれ南蛮」と
夏野菜でいただく、
暑い日におすすめの
汁なしあえそばです。
みぞれ南蛮は冷蔵庫で
1週間保存できるので、
まとめて作っておいても。

みどり酢そうめん

みどり酢はきゅうりのすりおろしで作る、さわやかな香りの合わせ酢。ここでは、きゅうりの塩もみとダブルで使った、そうめんメニューを紹介。

材料・2人分

みどり酢
- きゅうり　2本
- 米酢　大さじ2
- 薄口しょうゆ　大さじ1
- グラニュー糖　大さじ1 1/3

きゅうり　1/2本
みょうが　1/2本

めんつゆ（作りやすい分量）
- 昆布だし（12ページ参照）　80mℓ
- みりん　小さじ2
- 薄口しょうゆ　小さじ2

そうめん　2束
白すりごま　大さじ1

① めんつゆを作る。鍋にめんつゆの材料を入れて一煮立ちさせ、冷やす。

② みどり酢を作る。きゅうりは縦半分に切り、種の部分をスプーンでこそげ取り(a)、一口大に切ってフードプロセッサーに入れる。米酢、薄口しょうゆ、グラニュー糖を混ぜ合わせて加え(b)、きゅうりがみじん切りになるまで撹拌する(c)。

③ きゅうりは薄切りにして塩少々（分量外）でもみ。3〜4分おいて水気を絞る。みょうがは斜めせん切りにする。

④ そうめんはたっぷりの湯でゆで、冷水でよく洗い、ザルに上げて水気をきる。

⑤ 器にそうめんを盛り、めんつゆ適量をかけ、みどり酢、きゅうりの塩もみ、みょうがをのせ、ごまを散らす。全体に混ぜていただく。

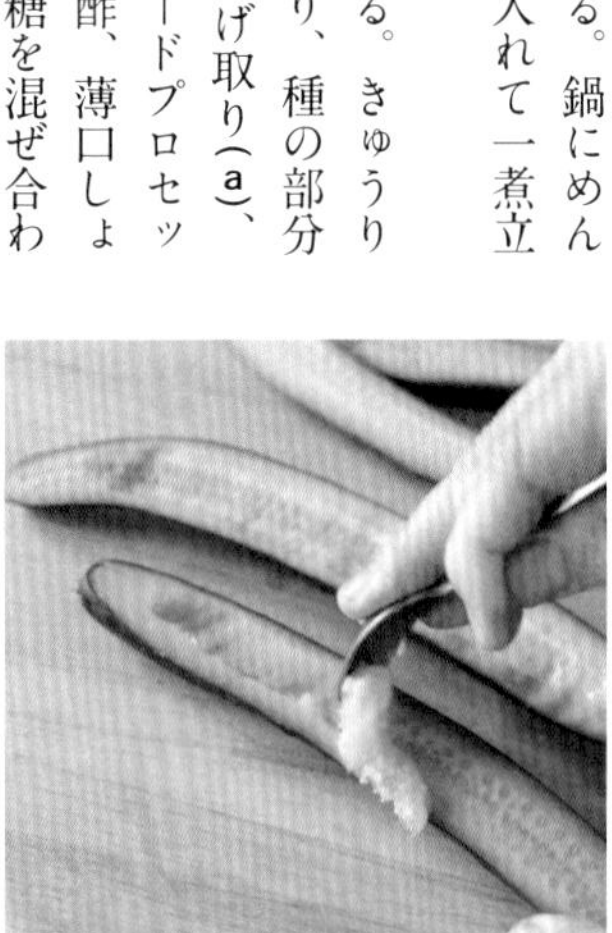
a

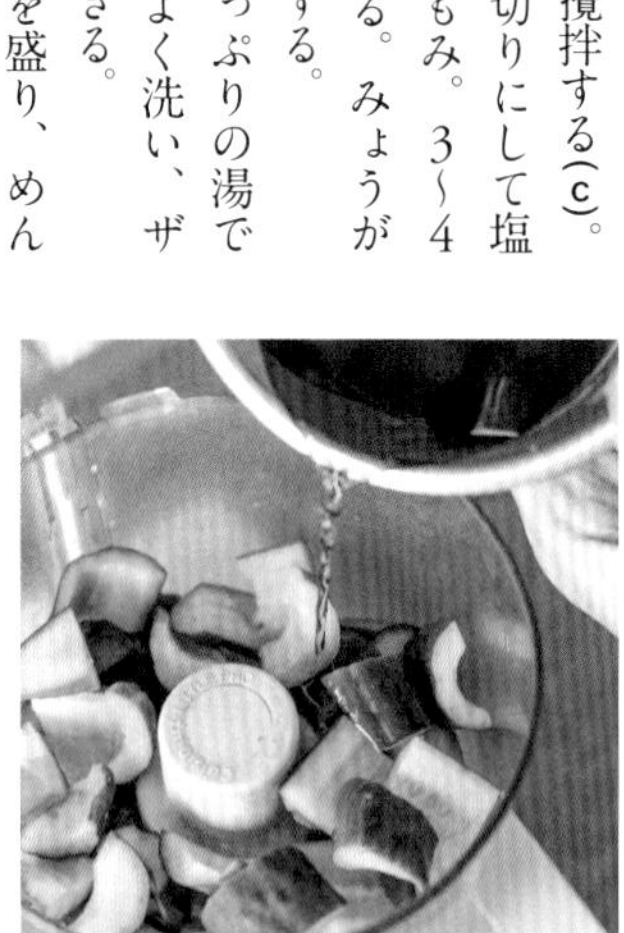
b

c

あんかけうどん

小町麩と湯葉、なめこを具にした、口当たりのやさしいうどん。体を温める作用のあるしょうがも入れて、寒い日の食卓に。

材料・2人分

冷凍うどん　2玉
小町麩　12個
乾燥湯葉　15g
なめこ　1袋
つゆ
- 昆布だし（12ページ参照）　3カップ
- しょうゆ　大さじ2
- 酒　大さじ2
- みりん　大さじ2
- 塩　小さじ1/4

水溶き片栗粉
- 片栗粉大さじ1 1/2＋水大さじ3

ごま油　小さじ1
三つ葉のざく切り　1/2束分
しょうがのすりおろし　2片分

① 小町麩はぬるま湯につけて戻し、水気を絞る。湯葉は食べやすい大きさに割る。

② 鍋につゆの材料を入れて火にかけ、なめこと①を入れる。煮立ったら水溶き片栗粉を回し入れてとろみをつけ（a）、弱火にしておく。

③ うどんは熱湯でさっと温め、ザルに上げて汁気をきり、それぞれの器に入れる。

④ 熱々の②を注ぎ入れ（b）、好みでごま油をふり、三つ葉としょうがをのせる。

a

b

精進冷やし中華

材料・1人分

にんじんペースト（作りやすい分量）
- にんじん　2/3本（100g）
- みそ　20g
- 米酢　大さじ2/3
- きび砂糖　小さじ1/2〜1
- ごま油　小さじ1
- 白炒りごま　大さじ1

油揚げ　1/2枚
トマト　1個
きゅうり　1/2本
みょうが　1本
紅しょうが＊　適量

たれ
- しょうゆ　大さじ1
- 米酢　大さじ2/3
- きび砂糖　小さじ1
- ごま油　小さじ1

中華生麺　1玉

＊紅しょうが……しょうが30gを薄切りにしてさっと塩ゆでし、水気をきる。米酢大さじ1、梅酢大さじ2/3〜1、グラニュー糖または上白糖大さじ1を混ぜた甘酢につけ、一晩おく。

① にんじんペーストを作る。にんじんは2cm角に切り、ごまは半ずりにし、調味料もそれぞれ用意する（a）。すべての材料をフードプロセッサーに入れて撹拌し、粗めのペースト状にする（b）。

② 油揚げは粗みじん切りにし、フライパンで香ばしく炒る（c）。

③ トマトは薄めのくし形に切り、きゅうりは斜め薄切りにしてからせん切りにする。みょうが、紅しょうがもせん切りにする。

④ たれの材料をボウルに入れ、泡立て器で混ぜる。

⑤ 中華生麺はたっぷりの湯でゆで、冷水に取って冷やし、ザルに入れる。水気を絞るようにしっかりときり（d）、ボウルに移し、④のたれをかけてからめる（e）。

⑥ 器に⑤の麺を盛り、②、③、にんじんペースト大さじ3をのせる。

a

b

c

d

e

香ばしく炒った油揚げ、
自家製にんじんペーストが
おいしさの決め手。
麺をゆでたら
汁気をしっかりときり、
たれをからめるのがポイントです。

れんこんバーガー

材料・3人分

れんこんバーグのタネ
- れんこん　小一節(120g)
- 玄米ご飯(13ページ参照)　120g
- しいたけ(石づきを取ったもの)　60g
- セロリ　30g
- オリーブオイル　小さじ1
- 片栗粉　大さじ2
- 塩、こしょう　各適量
- 太白ごま油　大さじ$2/3$

照り焼きだれ
- しょうゆ　大さじ1
- みりん　大さじ2

豆腐マヨネーズ(作りやすい分量)
- 絹ごし豆腐　100g
- 白みそ　大さじ1
- 白ごまペースト　小さじ1
- 梅酢　小さじ$1/2$
- カイエンペッパー　少々

トマト　1個
レタス　適量
粒マスタード　適量
バンズ　3個
オリーブオイル　少々
フライドポテト*　適量

*フライドポテト……蒸して皮をむいたじゃがいもをくし形に切る。多めのオリーブオイルでカリッとするまでじっくりと揚げ焼きにし、塩をふる。

① れんこんバーグのタネを作る。しいたけとセロリは小さめに切ってフードプロセッサーで攪拌し、みじん切りにする。オリーブオイルを熱したフライパンで炒め、塩一つまみを加えて下味をつける(a)。

② れんこんを小さめに切ってフードプロセッサーで攪拌し、粗みじん切りにする。玄米ご飯、①、片栗粉、塩、こしょうを加え(b)、さらに攪拌してムラなく混ぜ合わせる。

③ 3等分にし、バンズと同じくらいの大きさになるように成形する。

④ フライパンに太白ごま油を中火で熱し、③を入れ、底面がかたまって焼き色がついたら上下を返し(c)、両面じっくり焼いて火を通す。片面5分が目安。いったんフライパンから取り出す。

⑤ 照り焼きだれの材料を混ぜて④のフライパンに入れ、中火でとろりとするまで煮詰め、④のれんこんバーグを戻し入れ、味をからめる(d)。

⑥ 豆腐マヨネーズを作る。計量カップなどにすべての材料を入れ、ハンドブレンダーでなめらかになるまで攪拌する。

⑦ トマトは1cm厚さの輪切りにする。レタスは食べやすい大きさに手でちぎる。

⑧ バンズは厚みを半分に切り、オリーブオイルを熱したフライパンで断面をカリッと焼く。

⑨ バンズの下段にレタス、れんこんバーグの順にのせ、粒マスタードをたっぷりめにぬる。トマト2切れをのせて豆腐マヨネーズ適量をかけ(e)、バンズの上段ではさむ。器に盛り、フライドポテトを添える。

a

b

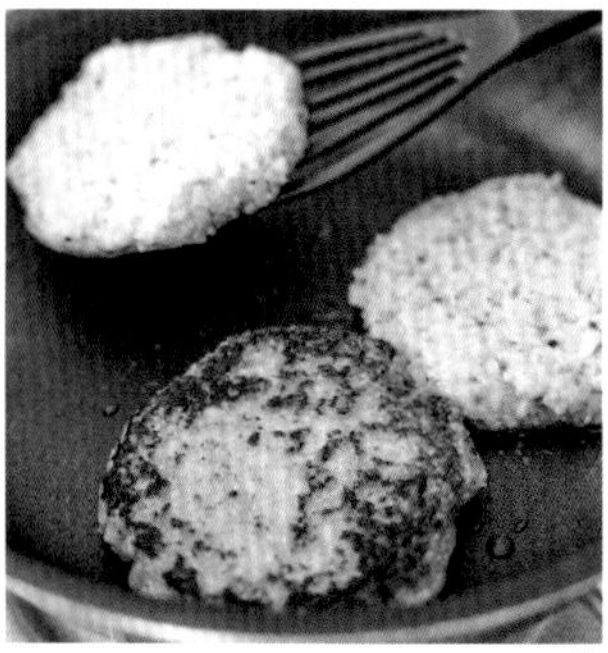
c

d

e

れんこんと玄米、
しいたけで作るベジバーグを
照り焼きにして
バンズでサンド。
トマトと豆腐マヨネーズ。
粒マスタードを
トッピングすると
味のバランスが取れて、
食べごたえ満点です。

卵もどきとアボカドサンド

材料・2人分

卵もどき
- 木綿豆腐　250g
- 白みそ　20g
- ターメリック　小さじ1/6
- きび砂糖　小さじ1
- 塩　小さじ1/4
- 太白ごま油　小さじ1

豆腐マヨネーズ（作りやすい分量）
- 絹ごし豆腐　100g
- 白みそ　大さじ1
- 白ごまペースト　小さじ1
- 梅酢　小さじ1/2
- カイエンペッパー　少々

アボカド　1個
食パン（8枚切り。耳あり）　4枚
粒マスタード　大さじ1
きゅうりのピクルス（99ページ参照）　適量

① 卵もどきを作る。豆腐はペーパータオルに包んで重石をし、重量が2割減るまで水きりする。

② ボウルに①、白みそ、ターメリック、きび砂糖、塩を入れ、泡立て器でつぶしながらよく混ぜる（a）。

③ フライパンに太白ごま油を熱して②を入れ、中火でじっくり水分を飛ばしながら炒め（b）、そぼろ状にする。火を止めて冷ます。

④ 豆腐マヨネーズを作る。計量カップなどにすべての材料を入れ、ハンドブレンダーでなめらかになるまで撹拌する。

⑤ ③をボウルに移し、豆腐マヨネーズ大さじ4を加えてあえる（c）。

⑥ アボカドは包丁で縦に一周ぐるりと切り込みを入れ、両手で左右にねじるようにして半分に割る。種に包丁の刃元を刺してねじるようにして取り除き、薄切りにする。

⑦ 食パンは片面に粒マスタードをぬり、そのうち2枚に卵もどきをのせ、アボカドを少しずつずらしながらのせる（d）。残りのパンではさみ、手で押さえてなじませる（e）。

⑧ 半分に切って器に盛り、きゅうりのピクルスを添える。

a

b

c

d

e

豆腐と白みそ、
ターメリックで作る
豆腐ペーストを
卵サラダに見立てた、
特製サンドイッチ。
アボカドと組み合わせると
おいしさ倍増。
食パンとよく合います。

黒酢ラタトゥイユのホットサンド

材料・2人分

黒酢ラタトゥイユ（作りやすい分量）
なす　2本
ズッキーニ　½本
かぼちゃ　80g
パプリカ（赤）　½個
万願寺唐辛子　1本
ピーマン　1個
トマト　1個
オリーブオイル　適量
塩　適量
酒　大さじ2
黒酢　大さじ1½
みそ　25g
きび砂糖　小さじ1
バジルの葉　2～3本分

食パン（8枚切り、耳つき）　4枚
バジルの葉　2～3本分
オリーブオイル　適量

① 黒酢ラタトゥイユを作る。なすはヘタを取って2cm厚さの輪切りにし、塩一つまみをまぶし、2～3分おいて水気を拭く。ズッキーニは1.5cm厚さの輪切りにし、かぼちゃは1cm厚さの薄切りにする。パプリカ、万願寺唐辛子とピーマンは一口大に切る。トマトは8等分のくし形に切る。

② フライパンにオリーブオイル大さじ½を中火で熱し、なすを並べ入れ、焼き色がついたら返す。オリーブオイル大さじ½を足して裏面も焼き、取り出す。

③ ②のフライパンにオリーブオイル大さじ½を足し、ズッキーニを入れて両面焼いて取り出す。かぼちゃ、パプリカ、万願寺唐辛子、ピーマン、トマトも同様にして順に焼いて取り出す(a)。

④ かぼちゃ以外の野菜をフライパンに戻し入れ、塩一つまみ、酒を加えて一混ぜし、黒酢、みそ、きび砂糖を混ぜ合わせて加える(b)。中火にかけ、煮立ってきたら、かぼちゃとバジルを加えてふたをし(c)、弱火にして15分ほど蒸し煮にする。火を止めて5分ほど蒸らし、水分が多ければとろりとするまで中火にかける。冷まして味を落ち着かせる。

⑤ 食パン2枚に④のラタトゥイユ適量をのせ、バジルをおく(d)。残りのパンではさみ、手で押さえてなじませる。

⑥ フライパンにオリーブオイルを中火で熱し、⑤を入れ、両面カリッとするまで焼く(e)。半分に切って器に盛る。

黒酢ラタトゥイユは作りおきOK。粗熱が取れたら保存容器に入れて冷蔵庫へ。冷たいままサンドイッチにしても。

a

b

c

d

e

夏野菜で作った
ラタトゥイユは、
黒酢＆みそ仕立て。
いつものラタトゥイユより
コクがあって、
しっかりとした味わいです。
パンにはさんで
オリーブオイルで焼いて
ホットサンドに仕立てます。

大豆・大豆製品

大豆ミート・テンペ

麩

乾物・豆・こんにゃく

きのこ

野菜

果物・ドライフルーツ・木の実・ごまペースト

米・玄米・餅・玄米餅

麺

パン

尾崎史江（おざき・ふみえ）

料理家。故郷である岐阜のお寺にて精進料理に携わり、旬菜や乾物のおいしさや滋味深さに魅了される。旬の食材を生かした体にやさしく満足感のある料理を主に、レシピ開発や飲食店のメニュー開発及びフードディレクション、出張料理、料理教室などを行っている。イベントやお弁当で精進料理を紹介する「食堂いちじく」、組み合わせの妙が絶賛のミニどら焼き「小どら」を主宰し、ていねいに作られたおいしさにファンも多い。著書に『食堂いちじくの精進弁当』（エムディエヌコーポレーション）がある。

ブックデザイン　若山嘉代子　L'espace
撮影　竹内章雄
スタイリング　久保原惠理
構成・編集　松原京子
プリンティングディレクター　栗原哲朗（図書印刷）

食堂《しょくどう》いちじくの　精進《しょうじん》おかず

2023年7月4日　第1刷発行

著　者　尾崎史江《おざきふみえ》
発行者　渡辺能理夫
発行所　東京書籍株式会社
〒114-8524　東京都北区堀船2-17-1
電　話　03-5390-7531（営業）
03-5390-7508（編集）
印刷・製本　図書印刷株式会社

ISBN978-4-487-81652-1　C2077　NDC596